"十四五"职业教育国家规划教材·修订版

电子商务客户服务

（第 3 版）

主 编 盘红华

北京理工大学出版社
BEIJING INSTITUTE OF TECHNOLOGY PRESS

内 容 简 介

本书以从事电子商务类客户服务岗位所必须掌握的知识和技能为逻辑线索，设计了客户服务理念认知、客户服务基本能力训练、客户服务售前准备、客户接待与沟通、投诉处理、客户关系管理六个学习型项目。每个项目中融入了大量已经数年教学实践检验的教学案例、阅读材料和具有趣味性、挑战性的课堂演练，既侧重个人岗位技能训练和素质培养，也兼顾客户服务人员团队协作能力养成。本书"环节穿插、学训结合"的内容编排方式让教师教得轻松，容易掌控课堂节奏；让学生学得有兴趣，愿意参与课堂互动和团队分享。

本书适合高职院校、应用型本科院校的电子商务专业和相关专业的学生使用，也可供中高本衔接院校在教学时参考，还可作为企业客户服务人员培训教材使用。

图书在版编目（CIP）数据

电子商务客户服务 / 盘红华主编. — 3 版. -- 北京：
北京理工大学出版社，2024.5（2025.7 重印）
ISBN 978-7-5763-4095-2

Ⅰ. ①电… Ⅱ. ①盘… Ⅲ. ①电子商务-商业服务-
教材　Ⅳ. ①F713.36

中国国家版本馆 CIP 数据核字（2024）第 105909 号

责任编辑：武丽娟　　文案编辑：武丽娟
责任校对：刘亚男　　责任印制：施胜娟

出版发行 / 北京理工大学出版社有限责任公司
社　　　址 / 北京市丰台区四合庄路 6 号
邮　　　编 / 100070
电　　　话 / （010）68914026（教材售后服务热线）
　　　　　　（010）68944437（课件资源服务热线）
网　　　址 / http://www.bitpress.com.cn

版 印 次 / 2025 年 7 月第 3 版第 4 次印刷
印　　　刷 / 唐山富达印务有限公司
开　　　本 / 787 mm×1092 mm　1/16
印　　　张 / 11.75
字　　　数 / 254 千字
定　　　价 / 36.00 元

前　　言

党的二十大报告提出，坚持高水平对外开放，加快构建以国内大循环为主体、国内国际双循环相互促进的新发展格局。加快发展数字经济、加快建设贸易强国。

电子商务是通过互联网等信息网络销售商品或者提供服务的经营活动，是数字经济和实体经济的重要组成部分，是提升人民生活品质的重要方式，是推动国民经济和社会发展的重要力量。我国电子商务已深度融入生产生活各领域，在经济社会数字化转型方面发挥了举足轻重的作用。"十四五"时期，电子商务充分发挥联通线上线下、生产消费、城市乡村、国内国际的独特优势，全面践行新发展理念，以新动能推动新发展，成为促进强大国内市场、推动更高水平对外开放、抢占国际竞争制高点、服务构建新发展格局的关键动力。

2023 年 6 月 9 日，商务部发布了《中国电子商务报告（2022）》。报告指出，电子商务是数字经济中发展规模最大、增长速度最快、覆盖范围最广、创业创新最为活跃的重要组成部分。电子商务拉动消费增长的作用持续提升，为消费者提供了层次丰富、形式多样的消费选择，推动人民生活水平从全面小康向更高目标迈进。2022 年，全国电子商务交易额达 43.83 万亿元，同比增长 3.5%；全国网上零售额达 13.79 万亿元，同比增长 4%；全国农村网络零售额达 2.17 万亿元，同比增长 3.6%；跨境电子商务进出口总额达 2.11 万亿元，同比增长 9.8%；电子商务服务业营收规模达 6.79 万亿元，同比增长 6.1%；电子商务从业人数达 6 937.18 万人，同比增长 3.11%。我国网络购物用户规模达 8.84 亿人，占网民整体的 82.0%。显然，网购已成为人们主要的购物方式。

一件商品通过网上展示到最终到达客户手中，交易过程看似简单，背后却有无数职业岗位在支撑着电子商务的开展，如摄像、美工、策划、运营、客服、仓储、物流，缺一不可。电子商务带来的极其丰富的商品使客户可选择的余地越来越大，眼光也越来越挑剔，"货比三家"已演变为"货比百家"，而且只需通过鼠标的点击、手指的触摸即可自由游走于各家网店，转场只在瞬息之间。如今的网购"货比百家"比的不仅仅是质量、价格、视觉刺激，更比的是服务的迅捷、专业和亲和。客户服务作为电子商务交易过程中唯一与客户直接对话的岗位，一定程度上决定了整体店铺的转化率，是商品能否成交的关键人物，其重要性不言而喻。一名优秀的客户服务人员必须能精准揣摩客户心理、为客户提供专业的购买建议、熟练地为客户解决问题、对网店数据进行专业的分析并维护好客户关系。客户服务岗位看似平凡简单、入门门槛低，然则其高强度的工作量、需承受的巨大心理压力、需具备的临场应变力、不卑不亢服务态度的把控能力、团队合作能力，实非常人所能胜任。编者认为，客户服务工作需用心、用智、用勤、用情，这些品质都将成为每一名客户服务人员人生中相当重要的财富。

本书力求在培养优秀电子商务客户服务人员方面发挥一定作用。全书以从事电子商务客户服务岗位所必须掌握的知识和技能为逻辑线索，循序渐进地设计了客户服务理念认知、客户服务基本能力训练、客户服务售前准备、客户接待与沟通、投诉处理、客户关系管理六个学习型项目。每个项目下设若干学习任务，通过案例导入、知识讲解、阅读材料、课堂演练和课后练习等教学环节的有机结合，培养学生专业的岗位技能和综合的职业素质。

本书具有三大特色，一是全书独特的"环节穿插、学练结合"的内容编排方式，可让教师教得轻松，非常容易掌控课堂节奏。编者认为，教材之所以称为"教"材，首先需满足教师教学的需要，让教师能根据教材的编排张弛有度地安排各教学环节。本书的主要内容源自编者在教学过程中使用的讲义，在出版时进行了进一步优化，并历经多年的教学实践检验而逐步充实、调整、完善。何时讲解知识点，何时布置材料阅读，何时组织学生演练，均是编者无数次课堂磨合的结晶，在教材编排中进行了充分体现，教师可根据内容编排在讲授者、组织者、点评者等角色中灵活转换，在一定程度上减轻备课压力。二是全书既注重知识的系统性，也注重实践的实效性、趣味性，通过创设情景、角色扮演、小组合作演练、分组对抗演练等方式激发学生的活力，使学生动起来，让课堂活起来。建议教师在使用本书时，可自行设计计分表格，将学生和小组演练表现计入平时成绩，以便期末时对每名学生做出更准确全面的评价。三是全书的内容选取重点考虑客户服务人员服务内功的修炼和综合素质的培养，适当讲解市场主流客户服务平台的操作方法和步骤。目前市场上常见的网店客户服务类教材和辅导书将大量的篇幅用于介绍平台的客户服务系统操作，比如如何设置自动回复，如何批量发货，如何关闭订单等，其实无论是淘宝，还是京东，抑或是拼多多，其客户服务系统的操作都是极其简单和人性化的，在客户服务岗位上实践2~3天即可熟练掌握。编者认为，对于从事或即将从事客户服务岗位的人员来说，更重要的是服务内功和综合素质的养成，也就是说如何快速释放心理压力、如何始终笑对客户、如何精准揣摩客户心理、如何简洁有效地与客户沟通、如何和谐紧密地与团队共处，这些才是客户服务岗位的制胜之道。书中精心设计的众多演练题目或训练快速反应能力，或训练团队合作意识，或训练逻辑思维，或训练语言组织能力，或训练综合能力，用心参与必将对学习者的心理、品行、沟通、合作等方面产生积极影响。作为客户服务从业人员，只有先积聚底蕴和实力，才能在日后的客户接待与沟通中处变不惊、游刃有余。

本书由浙江经贸职业技术学院盘红华教授主持编写，并负责全书的整体设计和统稿，范微娜、陶晓波两位老师担任副主编，主创成员均为首批国家级职业教育教师教学创新团队成员。其中，项目一、二、五由盘红华编写；项目三、四由范微娜编写；项目六由陶晓波编写。浙江移动10086客户服务中心陈萍萍女士和淘宝网客户满意中心陈玲玲女士对本书编写给予一定指导，并提供了部分演练素材。杭州壹网壹创科技股份有限公司资深客服宋雨、杭州微念科技有限公司资深客服白青青参与了部分任务的讨论，并提供了来自一线的最新案例、平台数据。

　　本书自 2016 年 1 月首版以来，深受一线教师、学生欢迎，很多学校将其选为教材，重印达十余次，并先后入选职业教育"十三五""十四五"教材。2020 年第 2 版增加了多个新鲜案例、演练素材，根据行业和平台变化更新了部分内容、数据和平台截图，重新编写了项目三、项目四、项目六，调整了部分演练任务的位置，使之更适合实际课堂的节奏。2022 年 9 月修订了部分内容，一是及时反映行业发展和岗位变化，体现新知识、新技术、新方法；二是增加新的阅读材料，展现大国企业客户服务关系管理水平；三是新增"微言微语""时代链接"栏目，凸显服务理念、新时代精神和核心价值观。2024 年第 3 版对全书的案例和阅读材料进行了再次梳理，更新、替换了部分内容，增加了新鲜素材、新的演练任务和课后测试题，以更加适应行业发展趋势对客服人员提出的能力素质新要求。

　　本书配套 20 个微课资源，与书中出现的若干个学习任务保持一致，以方便教师课堂进行播放、集体学习，也利于学生提前预习或课后复习。所有微课资源在相应页面以二维码形式出现，读者扫二维码可直接观看。

　　此外，编者编写了书中部分演练题目的答案，可供教师参考。如有需要，请发邮件至 panps2000@ 163. com 索取（注：仅供教师索取）。

　　本书在编写过程中，参阅了大量的相关教材、网络资料、培训资料和专家讲座，作者已尽可能在参考文献中列出，在此对它们的作者表示感谢。因疏漏没有列出或因网络引用出处不详的资源，在此对它们的作者表示深深的歉意。

　　由于编者水平有限，书中难免有不妥之处，敬请广大读者批评指正。

编　者

目　　录

项目一

客户服务理念认知

知识目标

（1）掌握客户、客户服务基本概念。
（2）理解客户服务的重要性。
（3）了解网络时代客户服务面临的挑战。
（4）了解压力调整和情绪管理知识。

技能目标

（1）能够判别优质客户服务。
（2）学会运用正确的发声方法。
（3）学会运用压力调整方法。
（4）学会情绪管理方法。

素养目标

（1）树立良好的职业道德。
（2）养成用心用情的客户服务意识。
（3）培养良好的表达能力。
（4）养成情绪控制习惯。

任务一　认识客户和客户服务

案例导入

王永庆卖米的故事

王永庆是我国台湾地区最受推崇的企业家和管理大师，他从小家境贫寒，只读了几年书就辍学了。1931年，15岁的王永庆来到嘉义一家米店做学徒小工。第二年靠着东拼西凑的200元资金开了自己的米店。当时小小的嘉义已有米店近30家，竞争非常激烈。王永庆只能在一条偏僻的巷子里租一间小铺面。他的米店开办最晚，规模最小，而且由三个未成年的小孩打理，能站稳脚跟取得盈利吗？

面对这些不利条件，王永庆并没有怨天尤人，而是开动脑筋想办法。最后他祭出三招，竟然后来居上，打得那些老店无还手之力。

第一招：改善产品质量。因为那时稻谷粗放式的收割与加工技术，米里经常会掺杂进小石子之类的杂物。所以人们在做饭之前，都要淘好几次米，大家都已习以为常，见怪不怪。有些米店老板甚至认为，那些杂质还可以多卖些钱呢。王永庆却从这司空见惯之中发现了机会，他和两个弟弟一齐动手，仔细地将米里的秕糠、砂石之类的杂物拣出来，然后再卖。一段时间之后，王永庆的米最好，已经口口相传得尽人皆知了。

第二招：让客户感动的优质服务。别的米店下午6点关门，王永庆却一直开到晚上10点多。当时人们经济都不宽裕，他就先赊账，然后约定在发薪的日子去收账。那时候因为年轻人都忙于工作，来买米的客户以老年人居多。王永庆于是主动送米上门，开创了"送货上门"服务的先河，从而赢得了客户的称赞和感情分。王永庆送米，并非放到门口了事，如果米缸里还有旧米，他就将旧米倒出来，把米缸擦洗干净，把新米倒进去，再将旧米放回上层，如此一来，旧米就不至于因存放过久而变质。这一细致而超越期望的服务令客户印象深刻，且深受感动，从此以后更成为其米店雷打不动的忠诚客户。

第三招：建立客户数据库。王永庆的商业意识超越了时代，只不过客户数据库用的不是今天的手提电脑，而是真正的笔记本。如果给客户送米，王永庆就细心记下这户人家的米缸容量，通过聊天了解家里有几个大人、几个小孩，每人饭量如何，据此估计下次买米的大概时间，认真记在本子上。届时不等客户上门，他就提前一两天主动将米送到客户家里。按今天的看法，王永庆当时还是一个娃娃，不折不扣的未成年人，但小小年纪就展现出的精明与心计，让人觉得他之后能成为台湾首富一点也不足为奇。

精细务实的服务，使嘉义人都知道有一个卖好米并送货上门的王永庆。从此王永庆的生意日渐红火，经过一年多的资金积累和客户积累，他便投资开办了碾米厂，并向周边地区开设米店。之后王永庆创办台塑集团，进入石油化工行业，台塑几乎年年都是台湾最赚钱的企业。

同样是卖米，为什么王永庆能将生意做到这种境界呢？关键在于他用了心！他用心去研究客户，研究客户的心理，研究客户的需要，研究如何去满足客户的需要。做好客情经营，不单纯是卖给客户简单的产品，而是将客户的需求变成自己的服务项目，与产品一同给予客户。

由此我们更可以看出服务的价值。客户从其他米店也可以买到米，但从王永庆的米店里买米，会感觉自己的所得是超乎产品价值的，这超出的价值便是服务。令人感动的服务决不仅仅是微笑能涵盖的，它融合在工作的每一个细节里。

微言微语

> 在服务业倡导"以人为本"，就是以顾客为导向、以服务质量为核心，为顾客提供更细致、更周到的人性化服务，它是服务业的核心理念。"以人为本"也是建设和谐世界、促进人类社会和平发展的重要价值理念。

一、认知客户

基本概念认知

不论哪一个行业，很难想象如果一个企业没有了客户该如何发展，在现代经济社会中，作为客户已经有了更多选择的余地，那么如何争取客户，如何保留客户就成为当今企业不得不去思考的问题。

1. 客户的定义

现代商业对客户定义的解释：客户是指通过购买你的产品或服务满足其某种需求的群体，也就是指跟个人或企业有直接的经济关系的个人或企业。

尽管顾客与客户都是购买和消费企业产品的人和组织，但两者最大的区别在于顾客只是"一张没有名字的脸"，顾客可以由任何人或机构来提供服务，而客户主要由专门的人员来提供服务，而且客户的资料很详尽地被掌握在企业的信息库之中。在现代商业竞争社会中，一个非常重要的管理理念就是要将"顾客"视为"客户"，而不再是"一张没有名字的脸"。

在服务经济时代，企业对于客户非常重视，认为客户是企业最重要的人；客户就是需要服务的对象；客户是一个最终为我们的工资单付款的人；客户是一个需要帮助的人。

2. 客户的分类

客户的分类方法很多，通过分析客户的消费行为可以知道，一名客户从最开始接触产品到最终购买，并且实现忠诚，这中间会经历几个阶段，即：兴趣阶段、关注阶段、聚焦阶段、购买阶段、持续购买阶段等。根据客户在从陌生到忠诚这一过程中所表现出来的五种状态，可采取"客户五级分类法"将客户标识为潜在客户、目标客户、准客户、成交客户、忠诚客户五个类别。凡是有可能对产品有需求的客户可标识为潜在客户；对产品已经表示出兴趣的客户标识为目标客户；把准备购买产品的客户或进入购买程序的客户标识为准客户；购买了产品的客户为成交客户；持续购买产品的客户标识为忠诚客户。

淘宝网采用了RFM模型来进行客户的分析，RFM模型是指根据会员的价值和创利能力来进行分类的方法。在具体的分类过程中，选定了三个指标来描述会员的价值状况。这三个指标分别是：R（Recency）最近的一次购买时间、F（Frequency）消费频率、M（Monetary）消费金额。通过淘宝网店的管理后台，可将客户分成四种等级，分别是普通会员、高级会员、VIP会员和至尊VIP会员。不同等级的会员能享受的优惠折扣和特权各自不同。通过优惠政策的不同来体现出会员的不同等级是客户较能接受的方式，也是最为直观的让客户感受到个性化服务的方式。

肯德基以回头率来划分自己的客户，一个星期消费一次的列为重度消费者；大约一个月消费一次的列为中度消费者；半年内消费一次的列为轻度消费者。

客户分类的目的不仅仅是实现企业内部对于客户的统一有效识别，也可用于指导企业客户管理的战略性资源配置与战术性服务营销对策的应用，确定企业服务的重点目标，支撑企业以客户为中心的个性化服务与精准化营销。客户分类也是客户分析的基础，在分类后的数据中进行挖掘更有针对性，可以得到更有价值的结果。

二、认知客户服务

1. 服务的定义

服务是指为他人做事，并使他人从中受益的一种有偿或无偿的活动，此活动不以实物形式而以提供劳动的形式满足他人的某种特殊需要。

进入21世纪，全球各主要发达国家产业结构均呈现出由"工业型经济"向"服务型经济"的迅猛转变，现代服务业领域的竞争已成为世界经济发展和国际竞争的新焦点。发达国家现代服务业不仅吸引了大量就业，而且在国民生产总值中的所占比重越来越大。发达国家服务业占GDP的比重达到71%，纽约、伦敦、香港等国际大都市的服务业就业比重甚至达到了90%左右。服务业发展水平已成为衡量一个国家经济社会现代化程度的重要标志。

课堂演练 1-1

优秀和劣质的服务体验

1. 全班分成小组，每组确定2名同学分别扮演客户及接待人员；
2. 小组讨论，自拟情境，设计服务体验台词和剧本；
3. 小组展示服务体验过程；
4. 各组演示之后，全班同学进行评论，并评选最优服务人员。

2. 客户服务和客户服务代表

客户服务真正的含义是什么呢？所谓的客户服务就是：企业在适当的时间和地点，以适当的方式和价格，为目标客户提供适当的服务，满足客户的适当需求，使企业和客户的价值都得到提升的活动过程。优秀的客户服务能根据客户本人的喜好使他获得满足，而最终使客户感觉到他受到重视，并把这种好感铭刻在心里，成为企业的忠诚客户。

客户服务代表（Customer Service Representative，CSR）即代表企业或公司，透彻掌握和深入了解公司产品或公司所提供的服务，通过多种渠道（电话、传真、电子邮件、互联网、视频图像、短信、数据库等现代综合信息处理手段）为客户提供售前、售中或售后服务，以提升公司形象及客户满意度为宗旨的职业。

 **阅读材料1-1**

党的二十大代表风采 ｜ 顾蓉：列车升级，"星级"服务更要优质

站台之上，又一辆G26次列车鸣笛启程。车辆驶过钢轨的"哐当"声，上海客运段高铁一车队列车长顾蓉早就习以为常，这样的声音她已听了21年。

目送列车远去，往常忙碌于列车之上的顾蓉有些不习惯。最近她的日常工作有了一些调整，增加了不少理论学习的内容——光荣当选为党的二十大代表后，她正积极进行着会前的准备。

作为列车长，顾蓉始终将旅客放在第一位；作为一名入党15年的党员，她更是时刻牢记为人民服务的宗旨。21年里，顾蓉值乘的列车不断升级换代，在亲历中国铁路高质量发展的同时，她自己也成长为车队业务骨干和全国铁路劳动模范。

不断创新，一切为旅客着想

说起早年间往返于京沪之间的T13/14次列车，铁路爱好者们都知道，这是中国铁路的一趟"王牌列车"，享有"东方号"的美誉，不仅采用了当时最先进的车型，还有被旅客描述为"堪比星级酒店"的服务。2001年，19岁的顾蓉从上千人的社招队伍中脱颖而出，登上这趟列车，开启乘务员生涯。

上了车她才发觉，列车乘务员的工作远比想象中繁复，既要服务旅客，又要打扫卫生，到了夜间还要回收果盘、热水瓶，为卧铺旅客排鞋等，"每个时间段要做什么事都有严格的标准"。

"一切都要为旅客着想"，是顾蓉从共和国铁路楷模、全国劳动模范何颖那里学到的"第一课"。在走廊挤满了人、无处落脚的列车上，为防止提水时热水滴漏烫伤旅客，乘务员们都会在热水瓶外再套一个桶。类似的贴心服务贯穿于顾蓉列车生涯的始终。2007年，她成为我国第一代动车组列车长；2014年，她又成为"东方情"品牌班组的列车长。

经过铁路6次大提速，旅客乘车的舒适感显著提升，对列车员而言挑战也越来越大，六七名列车员需要服务一趟列车上的千名旅客，难度可想而知。为了让旅客获得更好的乘车体验，顾蓉与她的同事们也在不断尝试服务创新。

如今的"东方情"品牌班组列车上，列车员为旅客准备了眼罩、靠枕、毛毯、U形枕等用品，还在冷链食品外增加了经停车站运送上车的热链快餐，努力让旅客在短暂旅途中"睡上一个好觉，吃上一顿好饭"。顾蓉还在列车上设置了"爱心百宝箱"，除了列车上常备的药品等应急物品外，还为孩子们准备了儿童口罩、彩纸蜡笔，为老人们准备了放大镜、老花镜、呼叫器，以及女性用品等。到了夏天，列车员们还会在列车部分隐蔽处贴上防蚊贴。

列车员们还会留意观察独行老人等群体，并在他们的座位上挂上中国结，以便重点关注。一次，一趟云南昆明返沪的列车即将抵达虹桥站。顾蓉得知有位独自乘车的八旬老太，因为儿子遭遇堵车无法及时赶来接站，可能出站会遇到困难。她马上安排好手头工

作，待火车到站后，与另一名乘务员一道将老人送到出站口，等了15分钟，直至将老人平安交给家人。

有一年春运，奋战在云贵川线路的顾蓉发现，列车上有不少务工人员的子女。看到他们稚嫩却稍显疲倦的面容，顾蓉有了一个想法："我们能为他们做点什么？"在与同事们商议后，"赠书志愿活动"便热火朝天地展开了。在顾蓉等人的号召下，党员们自愿购买儿童书籍，并在值乘列车上为返乡农民工子女免费赠送书籍。"阿姨，谢谢你，我好喜欢你送我的书！""阿姨，我下次来坐车还会再见到你吗？"听到孩子们充满童真的感谢与问询，顾蓉欣慰地笑了。

全心投入，在平凡岗位传递温情

曾有一张照片在网络上被许多人转发：2016年的春运，一对服务于不同车次的列车员夫妇在发车前隔窗相互道别。

照片中的两口子就是顾蓉和爱人黄斌，这么多年里，他们的春节都是在忙碌中度过，只能把孩子托付给老人照顾，聚少离多是这些年来她与家人的常态。

在每天2万步的节奏里，顾蓉已经值乘了超过2 500趟列车。热爱旅游的她，跑过通往全国各地的许多线路，比如北京、广东、福建、四川、云南、贵州等，还值乘过直通香港九龙的沪港列车，却从没有机会在抵达后游览一番，只是稍作休息，便又匆匆开始为返程车次的新一批旅客服务。

2015年，上海客运段陆伟丽劳模创新工作室正式成立，顾蓉成为第一批核心成员。在与同事们的交流研讨中，顾蓉不断改善和创新服务思路与方法，全心投入，努力让基础服务显真情、差异服务显尊重、重点服务显温度、高端服务显尊贵。同时，她还会将自己总结出的经验耐心地传授给班组成员，时常开展情商提升、沟通艺术、服务技巧等多方面的交流共享。列车上遇到棘手问题，她更是身先士卒、言传身教。

"3号车厢有旅客突发疾病！"2019年7月4日22时31分，G1329次列车距离终点贵阳北站还有6分钟，顾蓉的对讲机里突然传来了呼救声。她赶忙奔向现场，只见一名女士面色苍白，大口地喘着粗气，瘫坐在地。她马上给旅客服用急救药物，一边关注旅客情况，一边致电贵阳北站请求联系救护车。然而，就在顾蓉与车站进行交接时，旅客突然晕倒，此时救护车还未赶到，怎么办？她不假思索，立即双膝跪地，对旅客开展急救。26分钟过去，旅客逐渐恢复了意识。当旅客被送上救护车，跪地26分钟的顾蓉终于长舒一口气，额头汗水止不住地往下流，制服已湿了大半。"医生说幸好有你们的急救，我母亲才能转危为安，真的太感谢了！"次日凌晨，这位旅客的女儿给顾蓉发来了感谢信息。

平凡岗位传递温情，力所能及给予善意，这是顾蓉一直以来的服务初心，也是她一以贯之的工作恒心。在休班时间里，她对自身综合素质的充实与提升也从未懈怠，不断精钻客运业务，获得了"全路技术能手"称号和"全国铁路劳动模范"称号。

"上海客运段从'东方号'列车到'东方情'服务品牌的传承，饱含了几代铁路人的艰苦奋斗历程和对卓越品质的不懈追求。如今，我们处在最好的时代，更是肩负了传承文化、继往开来的使命。"顾蓉说，"'东方情'不仅是铁路的品牌，也是上海的品牌。二十大上如果有机会，我想把我们的品牌推广到全国。"

——根据《文汇报》2022年09月27日张晓鸣文章和
学习强国上海学习平台相关报道整理

3. 服务意识

服务意识是指企业全体员工在与一切企业利益相关的人或企业的交往中所体现的为其提供热情、周到、主动的服务的欲望和意识，即自觉主动做好服务工作的一种观念和愿望。

服务意识的内涵是：它是发自服务人员内心的；它是服务人员的一种本能和习惯；它是可以通过培养、教育训练形成的。

 阅读材料1-2

老木匠的房子

有一个技艺精湛的老木匠，一生建造的都是令人称赞的房子。他将要退休的时候，告诉老板，说自己想要离开这里，回家与妻子儿女享受天伦之乐。

这位老板舍不得为自己服务一生的老木匠走，请求老木匠为他建造最后一所房子，老木匠答应了，但是心却不在所造房子的上面，他用的是杂料，出的是粗活，建造的是他这一生之中最糟糕的房子。当房子建好的时候，老板把钥匙递给他，对他说："这是我赠给你的礼物，没有什么礼物比住在自己亲自建造的好房子里更能表达我对你这一辈子的感激了。"

老木匠顿时大为震惊，羞愧得无地自容，他没想到自己的老板这样有情有义，更没想到自己这一生中建造的唯一一栋粗制滥造的房子竟是为自己建造的！

其实，客户服务也是一样的道理：如果良好的服务意识成为客户服务人员的一种本能和习惯，不受个人因素、环境因素的改变，能时刻真心为客户服务，就一定能赢得客户认可；反之，则会被客户和市场无情淘汰。

4. 客户服务的重要性

在这个充满竞争的经济社会，每个行业都有自己对客户服务工作不同的诠释和要求。在同一行业，产品同质化程度越来越高，市场竞争已从产品竞争、价格竞争转向服务竞争，并且日趋激烈，在这种形势下，企业提高自身的服务质量，增强自身的竞争优势，创造自身的服务品牌已是当务之急，刻不容缓。

客户服务，从某种程度上，可以看成是一个企业的成本中心，是一个持续过程较长的工作，短时间内产生的利益回报较低，维持良好的客户服务需要投入较大的成本，提供优质的客户服务更需要企业持续投入大量精力和财力。但是，客户是公司的资源，是根基，是命脉，是口碑，是核心竞争力。客户服务工作的好坏代表着一个企业的文化修养、整体形象和综合素质。通过提供优质的服务，可以赢得客户的信赖和支持，确保留住每一个现有的客户，并使其协助不断开拓潜在客户，为企业带来源源不断的效益，这也正是客户服务的魅力所在。

 阅读材料 1-3

销售是骨，服务是血

曾有一个经营非常好的公司，这家公司和其他公司相比没什么特别，只是其客户服务部的员工比其他一般公司多了三倍。有一天记者问这个公司的老总为什么聘请这么多客户服务人员，这个老总的回答一语惊人："销售是骨，服务是血，所以我们的客户服务人员比销售人员还要多。"

（1）服务对于一个企业的意义远远超过销售。

客户服务对于一个企业有什么意义？有很多企业并没有把客户服务放在第一位，客户服务部门在公司不是特别受重视。这些企业最看重什么部门？销售。他们认为企业的生存要靠盈利，只有销售才能盈利。因此，不把企业工作的侧重点放在服务上面。他们没有认识到客户服务对于一个企业的重大意义，这个意义远远超过了销售。提供优质服务的企业，其客户会将自己的满意平均转告 5 个人，100 个满意的客户大概会带来 25 个新顾客。通过有效解决客户的问题，提供优质服务的企业会使 95% 的客户成为忠诚客户，企业进入良性循环（图 1-1）。而开发新客户要比维护老客户多花 5 倍的成本；如果企业提供了劣质的服务，那么每个客户会将抱怨平均告诉 10 个人，一次不好的服务需要 12 次好的服务来修正；1 个投诉的顾客背后有 25 个不满的顾客，一般来说我们只听到 4% 的抱怨声，81% 的抱怨客户会永远地消失，不会再次光顾，企业进入恶性循环（图 1-2）。

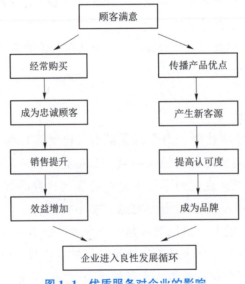

图 1-1　优质服务对企业的影响

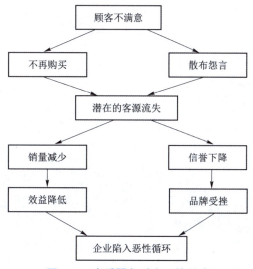

图1-2　劣质服务对企业的影响

　　正如美国斯坦林电讯中心董事长大卫·斯坦博格所说："经营企业最便宜的方式是为客户提供最优质的服务，而客户的推荐会给企业带来更多的客户，在这一点上企业根本不用花一分钱。"做广告通常能够在短时间内获取大量的客户，产生大量购买行为，但是客户服务不是短期的，而是长远的。明智的企业知道如何为本企业树立起良好的口碑，良好的口碑会给企业带来更多的客户，而这种口碑不是广告做出来的，而是通过人与人之间、客户与客户之间信息的传递带来的。它可以使企业获利，这种获利是企业经营成本最低的一种方式。

 **阅读材料1-4**

华为以行践言新体现：用心服务100+打造优质体验

　　现如今，想要在激烈的市场竞争中获胜，除了需要凭借企业自身的品牌知名度和产品价值以外，服务在消费者体验方面的作用也变得越来越重要。

　　在用户服务方面，华为始终坚持以用户为中心，将不断完善用户体验作为品牌发展所追求的目标之一。为了进一步实现"以行践言"的服务承诺，华为从线下服务中心入手，开展了为期100天的"用心服务100+"专项服务项目。

　　目前，华为线下具有200家客户服务中心，覆盖中国的各大城市，作为直接面向消费者服务的第一道关卡，给消费者留下良好的服务印象至关重要。从店内的整体装修设计，到店内服务人员的技能培训，华为服务中心形成了一整套的高品质服务体系。秉承着对每一位进店消费者"多一分热情、多一声问候、多一份关怀，多一分真诚"的服务理念，店内的服务人员竭尽全力，以高水平、高质量的服务标准，满足消费者的各种需求（图1-3）。

　　华为成都代表处的服务人员就曾服务过这样一位老人：85岁的孙先生因不会使用微

图1-3 华为接待人员以微笑和耐心服务客户

信和QQ和家人视频，来到服务店寻求帮助。服务中心前厅经理耐心细致地为孙先生解决了问题，令老人备受感动。老人写下表扬信，并现场致电"总经理信箱"表达感谢。

"用心服务100+"专项服务，是华为提升自身服务体系的一次重要尝试，秉承着"方便、快捷、贴心"的服务理念，华为不断提升服务标准，力求为每一位消费者提供最优质服务。

（2）优质的客户服务是最好的企业品牌。

品牌是一种识别标志、一种精神象征、一种价值理念，是品质优异的核心体现。究其根本，一个品牌就是一种独特的"身份"。打造成功品牌，是所有企业努力的目标。

客户服务对于一个企业来讲，能够创造另外一种品牌，就是它的服务品牌，而服务品牌创造的难度比靠广告投入创造的知名度品牌还要大。服务真的很简单，但是持之以恒做好服务非常难，要打造一个人人满意的服务品牌难上加难，这是一个客户服务人员对于客户服务的深刻认识。当客户的服务体验和企业的品牌承诺完全吻合时，就会产生爆炸式的放大作用，这远比一个老幼皆知的品牌更能吸引顾客。而当客户的服务体验和企业的品牌承诺相背离的时候，往往会使顾客丧失对企业的信任感，品牌也面临着沉沦的危险。

 阅读材料1-5

海底捞："地球人拒绝不了"的服务

1994年当时还在四川拖拉机厂做电焊工的张勇，利用业余时间，在四川简阳的一条马路边支起了四张桌子，开始了自己的麻辣烫生意。没有一点经验的他，只能用无微不至的服务感动顾客，虽然当时他的麻辣烫口味还谈不上多么"美味"，顾客却总是一次又一次地光临这个叫"海底捞"的小店。

2010年，海底捞已经成为拥有超过50家连锁店的餐饮企业，公司营业收入超过6亿元，营业利润超过 1 亿元，资产总额达到 2.5 亿元。让顾客无可挑剔的服务已经成为海底捞的独门秘诀，而这一切，也正是海底捞董事长兼总经理张勇的成功秘诀。

"地球人已经无法阻止海底捞！"这本是一句网络上的玩笑，但每当海底捞有"重大动作"的时候，无数的网友都会选择这句话来评价海底捞。近期，当海底捞推出上门送餐服务时，有网友拍下了海底捞服务人员上门服务的全部照片，并发布到网上。一时间，"地球人已经无法阻止海底捞！"再次铺天盖地地袭来。

无法阻止的到底是什么？其实地球人都清楚，那就是海底捞成功的法宝——"服务"。

今天，如果你走进海底捞，排队等待用餐往往是不可避免的，但这一个极其枯燥的过程，在海底捞却成为一个让顾客印象深刻的环节。其间，服务员会时不时送上免费的饮料、水果和点心，顾客既能免费享受擦皮鞋、上网、美甲等服务，也可以随意挑选打牌、下棋之类的娱乐项目。因此，在漫长的等待中客人们感到不是那么着急了。

像这样贴心的服务，张勇已经使其延伸到海底捞从用餐到结账的各个环节中：饮料可以免费续杯，水果免费……针对不同的顾客还有特殊服务，比如对女士，会赠送皮筋，用来绑起头发，避免粘到食物；顾客中有孕妇，服务员会送上柔软的靠垫；戴眼镜的客人则会得到擦镜布，以免热气模糊镜片……

除此之外，"海底捞式"服务还格外大方。在卫生间准备了免费的护肤品和牙刷牙膏；糖果几乎可以无限拿取。有意思的是，因为服务员在不停地给排队等候的客人发饮料和小吃，有些客人还没等到去上餐桌吃火锅，就感到差不多已经吃饱了。

尽管免费服务的项目种类繁多，但张勇却不担心亏本。在他看来这些小小的付出都只是生意应付的成本，而特色服务所积累的人气，却可以换来更大的回报。用大方、人性化的服务换取口碑，是张勇尊奉的逻辑。

渐渐地，"服务"成了海底捞的制胜法宝，几乎所有到海底捞吃过饭的人都会对海底捞的服务伸出大拇指，而这些人中的绝大多数都成了海底捞的回头客。

对于试图模仿海底捞成功轨迹的企业来说，"地球人拒绝不了"这句平淡无奇的话只是"顾客就是上帝"这一经典信条的翻版。但似乎只有海底捞把它变成了自己的核心竞争力，并使众多风投趋之若鹜。

 微言微语

将平凡的事做到极致就是不凡。

（3）出色的服务使企业具有超强的竞争力。

服务决定产品的市场占有率。这就是说，服务性劳动不仅形成价值，而且影响着产品价值的最终市场体现，服务自身带来的产品价值以及附加值已经成为决定企业产品市场占有率和客户满意度的关键因素。

客户光顾企业是为了得到满意的服务，不会在意那些只具有一般竞争力的服务。什么是一般竞争力的服务？就是他有你有我也有，这种服务只有一般的竞争力。什么是具有很强竞争力的服务呢？就是你有别人没有，或者你的最好，别人的一般，这个时候你才有超强的竞争力。要让客户把企业的美名传播出去，就需要客户服务非常出色。正如原麦当劳总裁杰佛里·吉托莫所说："满意的客户口中的一句表扬之词远远胜过描述产品性能的一千个词。"

 阅读材料1-6

泰国东方饭店服务的魔力

泰国曼谷的东方饭店，一直被世界旅游组织评为最佳饭店。同样是五星级酒店，在硬件基本相似即产品同质的条件下，东方饭店的客房价格远远的高于曼谷其他的五星级酒店，更重要的是，该酒店70%的客户是回头客，而且需要提前预订。为什么能够做到这种优秀的程度呢？

一位朋友因公务经常出差泰国，并下榻东方饭店，第一次入住时良好的饭店环境和服务就给他留下了深刻的印象。当他第二次入住时几个细节更使他对饭店的好感迅速升级。

那天早上，在他走出房门准备去餐厅时，楼层服务生恭敬地问道："于先生是要用早餐吗？"于先生很奇怪，反问："你怎么知道我姓于？"服务生说："我们饭店规定，晚上要背熟所有客人的姓名。"这令于先生大吃一惊，因为他频繁往返于世界各地，入住过无数高级酒店，但这种情况还是第一次碰到。

于先生高兴地乘电梯下到餐厅所在的楼层，刚刚走出电梯门，餐厅的服务生就说："于先生，里面请。"于先生更加疑惑，因为服务生没有看到他的房卡，就问："你知道我姓于？"服务生答："上面的电话刚刚下来，说您已经下楼了。"如此高的效率让于先生再次大吃一惊。于先生刚走进餐厅，服务小姐微笑着问："于先生还要老位置吗？"于先生的惊讶再次升级，心想：尽管我不是第一次在这里吃饭，但最近的一次也有一年多了，难道这里的服务小姐记忆力这么好？看到于先生惊讶的目光，服务小姐主动解释说："我刚刚查过电脑记录资料，您去年8月8日在靠近第二个窗口的位子上用过早餐。"于先生听过兴奋地说："老位子！老位子！"小姐接着问："老菜单，一个三明治，一杯咖啡，一只鸡蛋？"现在于先生已经不再惊讶了，"老菜单，就要老菜单！"于先生已经兴奋到了极点。

上餐时餐厅赠送了一碟小菜，由于这种小菜于先生是第一次看到，就问："这是什么？"服务生后退两步说："这是我们特有的小菜。"服务生为什么要先后退两步呢？他是怕自己说话时口水不小心落在客人的食品上，这种细致的服务不要说在一般的饭店，就是在美国最好的饭店里于先生都没有见到过！这一次早餐给于先生留下了终生难忘的印象。

后来，由于业务调整的原因，于先生有3年的时间没有再到泰国去，在于先生生日的时候，突然收到一封东方饭店发来的生日贺卡，里面还附了一封短信，内容是："亲爱的于先生，您已经有 3 年没有来过我们这里了，我们全体人员都非常想念您，希望能再次见到您。今天是您的生日，祝您生日愉快。"于先生当时激动得热泪盈眶，发誓如果再去泰国，绝对不会到任何其他的饭店，一定要住东方饭店，而且要说服所有的朋友也像他一样选择。于先生看了一下信封，上面贴着一枚 6 元的邮票，6 元钱就这样买到了一颗心。

这就是客户服务的魔力！

（4）优质的客户服务是防止客户流失的最佳屏障。

一份对客户流失原因的调查报告显示：68% 的客户因为服务人员对他们的需求漠不关心而流失。相反，如果投诉者的问题得到迅速解决，会有 90%~95% 的顾客与公司保持关系。美国哈佛商业杂志发表的一份研究报告显示：再次光临的顾客可为公司带来 25%~85% 的利润，而吸引他们再次光临的因素首先是服务质量的好坏，其次是产品本身，最后才是价格。英国剑桥战略计划研究所分析了过去 15 年来 2 600 项左右的商业案例，得出结论：商业利润与企业所提供的产品与服务质量是直接紧密联系的，提供优质产品与优质服务的企业几乎在所有的指标（市场份额、投资回报率、资产周转率等）上都位于首列。

 阅读材料 1-7

好顾客的自白书

我是一个好顾客，因为我从不挑剔服务的好坏。当我走进一家餐馆，不会在乎服务员们的聊天，只会在座位上静静地等候；当我步入一家商店，不会对店员不悦的脸色怒目相对，因为以牙还牙是不妥的；当我开车到加油站，等了很久我仍然没有抱怨。我从不抱怨，就是有人这么做我也不想学他们的样，因为我是一位好顾客。

当然，我也是一位——绝对不会再次光顾的顾客。

 阅读材料 1-8

江苏徐州联通营业员刘旭：用心服务客户，让爱充盈营业厅

刘旭是江苏省徐州市铜山区天赋广场联通营业厅唯一的男营业员。他刚来营业厅时，有人疑惑：这样一份需要细心、耐心、恒心的工作，他能胜任吗？时光流转，初心不移。这位 1993 年出生的小伙子始终积极乐观保持进取心，以"心"级服务赢得客户点赞，逐渐打消了大家的疑虑。

2021 年冬天，营业厅接到了一个特殊的来电：一位老人需要办理联通业务，但因卧病在床无法前往营业厅。虽然并不是什么大业务，但老人言语间不断流露出对能否顺利办理的担忧。刘旭敏锐地察觉到了老人的不便和焦虑，他一边安抚老人情绪，表示"联通一定帮您办好"，一边细心记录老人遇到的问题和家庭住址。当天，刘旭赶到老人家中，耐心

倾听老人的具体需求，现场就为她贴心办好了业务。业务办理完毕后，刘旭又为老人热心讲解手机上的操作流程，帮助她下载了一些日常所需软件、添加了微信好友并留下了服务电话，嘱咐老人"以后有需要咨询或者办理的业务，随时打电话"，自己可以为她提供专属上门服务，做她的"通信小顾问"。贴心细致的服务，让和煦的暖阳照亮冬日。老人非常开心和感动，连连夸赞刘旭"细心、周到、热情"，她像对待自己的孩子一样，不停招呼刘旭喝茶、吃糖。

类似这样的故事还有很多。从这个月开始，刘旭开始担任天赋广场营业厅的店长，他像门店的"顶梁柱"一样，替伙伴们遮风挡雨。遇到疑难杂症，来了脏活累活，刘旭始终站在第一线，服务好每一个客户，做好先锋表率，让爱充盈营业厅。谈及对未来的展望，他的回答是初心未改，将一如既往地干好本职工作，用专业精湛的业务能力、热心耐心的服务态度，在新的岗位上给客户提供更贴心的服务。"我们的工作就一句话——我的百倍用心，愿您10分满意。"这是刘旭的回答，也是所有江苏联通营业员的初心。

（摘自新华日报 2022-8-31 版，作者：金涛）

课堂演练 1-2

拼句游戏：客户服务意味着……

任务：小组成员互相协作，将以下表格中打乱的短语组合成关于客户服务的七种描述，补充完整"客户服务意味着……"这句话，如：客户服务意味着<u>顾客是上帝</u>。

规则：1. 每个短语都应该意思完整、逻辑清晰。

2. 每个短语都必须使用到，而且只能使用一次。

完成	向每个客户	格外出色地	自己
客户的	超越		关心
增加	发现	多好	价值和信誉
日常工作	你最好的状态	期望值	让你的服务对象
你的客户	新方法	展现	能够做得
让你惊讶于	像	感到愉快的	
为每次互动			关心你的老祖母那样

讨论：1. 这些关于客户服务的描述都正确吗？

2. 你最喜欢哪个短语？说说你的理由。

3. 小组讨论，每小组至少提出一个关于客户服务的独特描述。

任务二 了解优质的客户服务

案例导入

汉莎航空公司的优质服务

迈克夫妇带着他们不满周岁的宝贝儿子乘坐德国汉莎航空公司的飞机进行一次环球旅行。中途，在法兰克福转机时，他从行李传送带上取下行李，但是，为小儿子准备的帆布背包不见了。一位行李管理员看出了他们的困惑，赶快叫来了汉莎航空公司的主管人员，主管问迈克先生包里有什么东西，迈克先生说："东西不多，但很重要。有路上给孩子冲来喝的奶粉和换用的纸尿裤。"汉莎航空公司的主管还问了许多问题，有的很奇怪，如孩子家庭医生的电话号码等，虽然迈克夫妇感到不解，但还是给了主管家庭医生的电话号码。

十分钟后，那位女主管和汉莎航空公司法兰克福机场客户服务部的经理一起来了。"不好意思，耽误了这么长时间"，他们解释说，"我们给您的家庭医生打了电话，了解了孩子喝什么牌子的牛奶，由于您孩子喝的牛奶这里没有，医生同意孩子喝这个另外牌子的牛奶，这是一袋纸尿裤，给孩子换上吧，我们一会儿会买个漂亮的背包来。"

在之后的旅途中，迈克一家每到一个航程的目的地，汉莎航空公司都向迈克夫妇提供免费的纸尿裤和经过他们家庭医生同意的奶品。航空公司代表说，"我们解决了问题，却没有对我们的小客户说抱歉呢，我们决定，您的孩子在汉莎航空公司乘坐飞机，将终身享受7.5折的优惠。"

迈克一家深深地被汉莎航空公司的服务打动了，在这以后的几十年，汉莎航空公司都是迈克一家出行的首选公司。

讨论：

1. 汉莎航空公司为迈克一家提供的优质服务体现了该公司的什么服务理念？

2. 如果迈克一家每年平均乘坐飞机出行12次，每次都乘坐汉莎航空公司的飞机，每次往返的费用为800美元，请计算50年中，迈克一家将给该公司带来多少经营收入？

3. 该案例给你什么启示？

一、优质客户服务的特点

优质的服务需要通过客服人员来完成，希尔顿酒店有一句名言："如果没有希尔顿的员工队伍，希尔顿酒店只是一栋建筑。"正是员工提供的优质服务，才使希尔顿酒店驰名全世界。尽管每个企业提供的服务标准、服务细节、服务形式均有所不同，但所有优质的客户服务，都必须具备以下几个特点：

（1）对客户表示热情、尊重和关注。

（2）迅速响应客户的需求，帮助客户解决问题。

（3）始终以客户为中心，设身处地地为客户着想。

（4）持续提供个性化的服务。

 阅读材料 1-9

割草的男孩

一个替人割草打工的男孩打电话给一位陈太太说："您需不需要割草工？"

陈太太回答："不需要了，我已有了割草工。"

男孩又说："我会帮您拔掉花丛中的杂草。"

陈太太回答："我的割草工也做了。"

男孩又说："我会帮您把草与走道的四周割齐。"

陈太太说："我请的那人也已做了，谢谢你，我不需要新的割草工。"

男孩便挂了电话，此时男孩的室友问他说："你不是就在陈太太那儿割草打工吗？为什么还要打这电话？"

男孩说："我只是想知道我做得有多好！"

确实，企业只有不断地探询客户的评价，你才有可能知道自己的长处与短处，才能持续为客户提供个性化的服务。

 阅读材料 1-10

和绅的故事

和绅，中国清代乾隆时的权臣，以善伺上意得宠幸。一次和绅聆听圣训，乾隆当时心情不错，就给他讲了一件不该他听到的事，终了乾隆才意识到："爱卿，朕刚才所言，尔不可言于外人也。"和绅马上一脸茫然："皇上圣明！皇上您刚才说什么了？唉，我这个人什么都好，就是记性不好。"

和绅正是能永远站在对方的角度去思考问题、理解对方的观点，设身处地地为对方着想，知道对方最需要的和最不想要的是什么，才能深得皇帝赏识。

二、网络时代的客户服务

进入 21 世纪以来，互联网的兴起改变了企业的经营模式和客户的购物方式。从来没有一个时候，客户像今天一样能如此自由和轻易地获取和分享信息。互联网在带给他们信息的同时，也给了他们权力。当今的客户比以往任何时候更处于一种凌驾的地位。他们需要最好的服务、最低的价格，并要求在最短时间里得到利益。

与此同时，互联网也赋予商家这样一种能力，使他们能在网络时代利用信息技术全方位地了解顾客，满足顾客的需要，提高顾客的满意度和忠诚度。

在网络时代，客户服务的传统思维已经发生变化。这种改变如此重大，不仅无法忽略，甚至逼迫企业不得不认真考虑在网络时代客户服务中新的游戏规则。

 **阅读材料1-11**

网上聊天巧促销

沙沙是某网店的金牌客服，她善于通过网上聊天来判断买家的性格和心理。有一次，一个女生咨询一双男鞋的款式布料，沙沙立刻想到这位小姐是给男朋友买鞋子的。"要什么码数的呢？""39码的。"这时沙沙其实已通过码数知道了她男朋友的大致身高，从而也知道了她男朋友应该是比较瘦的。通过这名女生网上聊天的语气，沙沙还知道她是开朗和喜欢做主的女生。根据"互补原则"，她男朋友应该是比较听女朋友管教的。

"我猜你男朋友是戴眼镜的。""你怎么知道呢？"这名女生还给沙沙发了一张照片，里面有五个同样穿着伴娘装的同龄女生，让她猜自己是谁。沙沙想，一个开朗、喜欢做主的女生应该是站在显眼位置而且穿着时尚、惹人注意的，于是她立即猜出了谁是这个女孩。这么一来，这个女孩便觉得她和沙沙"太有缘分"了，距离一下子拉近了很多。后来，沙沙不仅让这位女生买了件男装给她男朋友，还推荐她买了一件女装。

在网络时代，客户服务面临新的挑战，比如：

（1）媒体、自媒体、社交群越加强盛，信息传播的路径发生了变化，信息传播特别是利用微信群、QQ群等熟人圈传播的速度空前加快，任何细小的服务瑕疵都可能演化为大的服务事件，为服务管理带来更大压力。

（2）因为移动互联网的发展，客户在服务过程中取证的可能性加大，断章取义的随手拍很可能被广泛传播，负面服务的社会影响更大，造成的伤害也会增加。微博上的大V们或微信上的所谓大咖都可能挟名气以令商家，由此将抱怨化为投诉的可能增加，这种投诉更难处理。

（3）客服的接入渠道要适应多渠道。从单点沟通到多渠道互动，如果你的企业只能通过电话才能联系到客户，那一定不是好的体验，微信、微博、EDM、短信、网聊这些都是最基本的沟通渠道。为了方便客户在不同渠道之间的切换，整个服务流程和标准需要做好统一的协调和规范。

（4）客服的内容展示方式多样化。不仅是语音方式的交互，更需要有文字、图片、图文、声音、视频等全方位的媒体展现，形式上也需要更多的拓展。

总之，在网络时代，客户服务的广度和深度都在发生变化，企业和客户服务人员都需要逐渐适应变化了的形态，才能为客户提供优质的服务。

 **课堂演练 1-3**

文字输入训练

客服人员的主要工作是在线及时准确回复客户的咨询，如果你打字速度比较慢，那么你可以通过训练来提高打字速度和准确度。

1. 课堂上教师给出一篇固定字数文章，测试学生打字速度和准确度，限时 10 分钟。

2. 记录个人成绩（N 字/分钟）。

3. 学期末再次安排打字速度测试，评选进步优秀选手，给予平时成绩加分。

 阅读材料 1-12

手绘漫画｜"为城市荣誉而战"！看这些可爱的山东淄博人

一串烧烤带火了一座城。

如果说三月初火的是淄博烧烤，那进入四月，火的就是淄博了。

在特色烧烤引来流量后，淄博市政府部门没有坐享其成，而是规范市场、提升服务、优化营商环境，保障游客消费体验……一系列精准操作趁"火"追击，借助网络之力、市场之力形成良性互动，为淄博的爆火又添了一把新柴，促使淄博走进更多人的视野。

站在网络"聚光灯"下的淄博，一举一动、细枝末节都被无限放大，这是城市从网红到"长红"之路的必经考验。令人触动的是，我们在这其中看到了"全民行动"的力量，这是一次官方和民众默契的双向奔赴，二者迅速达成了共识，并形成了巨大合力，共同守护淄博的口碑和招牌。自此，出租车司机有了"谁也不能砸了淄博的牌子"的觉悟；烧烤老板说，"我们已经不再是为了赚钱，而是为淄博的荣誉而战"；而面对拿着一杆秤探店的某 UP 主，商家也用精准、不少反多的诚信经营征服了万千网友……

面对来之不易的际遇，淄博人相信自己能够做好，甚至做得更好。这种因人而形成的城市"品格"，也吸引着更多网友来淄博打卡，不再简简单单只为吃一顿烧烤，而是来感受城市人文。他们相信"好客山东"的金字招牌，也相信在淄博旅游定能看得过瘾、玩得尽兴、吃得开心、住得舒服。

——摘自《齐鲁壹点》文章，2023 年 4 月 12 日，记者：孙远明；绘画：徐进

任务三　客户服务人员素质养成

案例导入

应变的艺术

某电台交通频道的热线点播中，有一位听众为自己的女朋友点播《知心爱人》这首歌曲，然而在主持人的祝福话语结束，准备播放歌曲的时候，突然发生了卡带。此刻，主持人的反应相当机智，她说：看来这位知心爱人还有些羞涩，要我们"千呼万唤始出来"。

主持人的高明就在于，她的应变及时保持了节目的情境。主持人借助联想，把歌声的突然停止和爱人诉说心声的羞涩联系起来，使播出事故具有了人性化的味道，恰到好处地维系了节目的氛围。

作为客户服务人员，当遇到突发情况时，处变不惊，积极应变，是一项基本素质要求。

一、心理素质要求

客户服务人员
素质养成

客户服务岗位是一个充满挑战的岗位，在服务的过程中，客服人员可能面临各种指责、纠缠甚至辱骂，承受着各种压力和挫折，特殊的工作性质决定了客服人员要有一定的忍耐性，宽容对待用户的不满，需要具备良好的心理素质。

1. 适度的自信心

自信最简单直接的解释就是：自己相信自己。只要你在某件事情上认为自己是对的，或者认为自己能做某件事就可以拥有自信。自信就是发自内心的自我肯定和相信，是一种积极的心态，是一种重要的精神力量。

作为一名客服人员要具备适度的自信心，既不能毫无自信，畏缩不前，也不能盲目自信。要建立对自己的信心，对企业的信心，对产品的信心。

 阅读材料1-13

基恩的故事

美国著名心理学家基恩，小时候亲历过一件让他终生难忘的事，正是这件事使得基恩从自卑走向了自信，也正是这种自信，使他一步步走向成功。

有一次，他躲在公园的角落里偷偷看几个白人小孩在快乐地玩儿，他羡慕他们，也很想与他们一道游戏，但他不敢，因为自己是一个黑人小孩，心里很自卑。

这时，一位卖气球的老人举着一大把气球进了公园，白人孩子一窝蜂地跑了过去，每人买了一个，高高兴兴地把气球放飞到空中。

白人小孩走了以后，他才胆怯地走到老人面前，低声请求："你可以卖一个气球给我吗？"老人慈祥地说："当然。你要一个什么颜色的？"他鼓起勇气说："我要一个黑色的。"老人给了他一个黑色的气球。他接过气球，小手一松，黑气球慢慢地升上了天空……

老人一边眯着眼睛看着气球上升，一边用手轻轻拍着他的后脑勺，说："记住，气球能不能升起来，不是因为颜色、形状，而是气球内充满了氢气。一个人的成败不是因为种族和出身，关键是你内心有没有自信。"

 阅读材料1-14

握住自信

有一位女歌手，第一次登台演出，内心十分紧张。想到自己马上就要上场，面对上千名观众，她的手心都在冒汗："要是在舞台上一紧张，忘了歌词怎么办？"越想她心跳得越快，甚至产生了打退堂鼓的念头。

就在这时，一位前辈笑着走过来，随手将一个纸卷塞到她的手里，轻声说道："这里面写着你要唱的歌词，如果你在台上忘了词，就打开来看。"她握着这张纸条，像握着一根救命的稻草，匆匆上了台。也许有那个纸卷握在手心，她的心里踏实了许多。她在台上发挥得相当好，完全没有失常。

她高兴地走下舞台，向那位前辈致谢。前辈却笑着说："是你自己战胜了自己，找回了自信。其实，我给你的，是一张白纸，上面根本没有写什么歌词！"她展开手心里的纸卷，果然上面什么也没写。她感到惊讶，自己凭着握住一张白纸，竟然顺利地渡过了难关，获得了演出的成功。

"你握住的这张白纸，并不是一张白纸，而是你的自信啊！"前辈说。

 微言微语

> 鸟儿站在树上，从来不会担心树枝断裂，因为它相信的不是树枝，而是自己的翅膀。

2. "处变不惊"的应变力

所谓应变力是对一些突发事件的有效处理。应变能力高的人往往能够在复杂的环境中沉着应战，而不是紧张和莽撞从事。作为客服人员，每天都面对着不同的客户，很多时候客户会给你带来一些真正的挑战，比如说讨价还价、谩骂侮辱、恶意中差评等。这就要求客服人员具备一定的应变力，沉着冷静，有理有节，灵活应对，特别是在处理一些客户恶性投诉的时候，要处变不惊。

当然，应变能力可以通过实践来逐步提高，如多参加富有挑战性的活动，加强自身的修养，扩大个人的交往范围，注意改变遇事总是迟疑不决、优柔寡断的习惯和惰性等，只要持之以恒，有目的地去锻炼，人的应变能力是会不断增强的。

 阅读材料 1-15

求职应变

大学生小华说起最近一次的面试经历，仍记忆犹新。面试时，考官让她抽一道题，限时 3 分钟答完。她抽到的题目是"请简要介绍一下南京"，看似简单的题目，可由于从没去过南京，对这个城市又没什么了解，因此她心里挺慌的。断断续续地拼接了脑中所知的对南京的基本常识后，她实在凑不下去了，想想反正没什么希望了，干脆豁出去了，于是向面前一言不发的坐着的 6 名考官要求"能不能改换说杭州"，没想到居然得到了同意。4 年在杭州的读书生涯，小华对杭州自然了如指掌，人文地理都顺利说了个遍。

而和她一起去的同学抽到的是介绍黄河，结果也因为不了解，说了几句就接不下去了，就待在那儿不说话，考官既不提醒也不出声，就这样尴尬地坐了几分钟才出来，最后当然没被录取。而事后其中一名考官这样评价小华：语言组织能力不错，应变能力强。她想如果当时没有灵活的应变，就不会得到现在这份工作。

3. 挫折打击的承受能力

很多客服人员，每天都要面对各种各样客户的误解甚至辱骂，需要有极强的承受能力。更有甚者，客户越过一线客服人员直接向上级主管投诉。有些投诉可能夸大其词，本来这个客服人员没有做得那么差，但到了客户嘴里变得很恶劣，恶劣到应该马上被开除。还有一些客服岗位有转化率和客单价等指标的严格考核，若不能在规定时间内完成，会影响到薪酬和晋升，这也是一种挫折和打击。

4. 情绪的自我掌控及调节能力

客服人员每天会应对各种需求，可能客户是来咨询的，也有可能是来投诉的，还有可能是来聊聊家常的。每个客户的身份背景也不同，有的是白领，有的是工人，有的可能连普通话也不会讲……客服人员经常会碰到顾客的抱怨甚至是责骂，作为"医生"首先不能被"病人"传染，要掌控和调节好自己的情绪，才能有效地给"病人"对症下药。比如：每天接待一百个客户，可能第一个客户就出言不逊，让自己心情变得很不好，情绪很低落。你也不能离岗，后边九十九个客户依然在等着你。这时候你会不会把第一个客户带给你的不愉快转移给下一个客户呢？这就需要掌控情绪，调整好自己的情绪。

5. 满负荷情感付出的支持能力

做满负荷情感付出是指对每一个客户都提供最好、最周到的服务，不能有所保留。对待每天的第一个客户和对待每天的最后一个客户，同样需要保持微笑，同样需要付出非常饱满的热情。对每一个客户而言，客服人员都是第一次。客户不知道你前面已经接了200个电话，只知道你现在接的是我的电话，并不理解你已经很累了。

每个人的这种满负荷情感的支持能力是不同的。一般来说，工作时间越长、经验越丰富的客服人员，满负荷情感付出的支持能力就越强。

6. 积极进取、永不言败的良好心态

客服人员在工作岗位上，需要不断地去调整自己的心态。遇到困难，遇到各种挫折都不能轻言放弃。无论取得成功，还是身处逆境，都要摆正心态，既要有积极向前的斗志，又要有坦然面对结果的勇气，保持一种积极进取、永不言败的乐观向上精神。

课堂演练 1-4

应变力测试

情境：假设你是主持人，当遇到以下场景时你会如何应变？

任务：1. 先个人演练，再小组讨论，给出本组应对方法。

2. 全班评选最佳应变小组。

场景：1. 你在主持一场大型节目时突然话筒出现故障你会怎么做？

2. 如果主持节目中你的搭档报错了节目顺序你会怎么做？

3. 你是今年"毕业典礼"的主持人，请现场模拟一段开场白和结束语。

4. 当你报幕完毕后，节目表演者还没有到场，你该怎么应付这一场面？

5. 作为十佳歌手大赛主持，有位女选手因被淘汰在台上失声痛哭，你怎么办？

二、品格素质要求

1. 忍耐与包容是优秀客服人员的一种美德

忍耐与包容是面对无理客户的法宝，是一种思想的修养，是一种境界，是一种美德。对于那些无故指责的人，不要与他们争论，因为这样只会使自己变得愤怒，即使忍无可忍，也应采取理智来抑制情绪，最终使大事化小，小事化了。客服人员需要有包容心，要包容和理解客户。接待客户时，要永远记住客户是一个需要帮助的人。包容是主动的，主动地表示理解，主动地奉献真诚。忍耐与包容可使你表现良好的素养，同时也能引发别人的响应。客服人员在忍耐与包容的同时，实际上也在为自己营造着良好的生存空间和有利的发展氛围。

2. 不轻易承诺，说了就要做到

对于客服人员，通常很多企业都有要求：不轻易承诺，说到就要做到。客服人员不要轻易地承诺，随便答应客户做什么，这样会给工作造成被动。但是客服人员必须要注重自己的诺言，一旦答应客户，就要尽心尽力去做到，维护企业和个人的诚信。

3. 拥有博爱之心，真诚对待每一个人

这个博爱之心是指"人人为我，我为人人"的那种思想境界。现实中常有一些工作做得不错的团队成员，敝帚自珍，吝于分享，深恐别人学会了自己的经验而超越自己。如此不仅不利于团队合作，更重要的是丧失了学习和进步的环境与动力。

 微言微语

> 生命活着的意义，就是让别人感觉你的存在，当别人都感觉你不存在的时候，你的生命的意义和高度就会大打折扣。
>
> ——川航英雄机长刘传健

 阅读材料 1-16

赠人玫瑰手留余香

有一位农民，由于他的勤奋与智慧，使得他所种的农作物每年都获得县里农民竞赛的最高荣誉"金犁奖"，而得奖后他也一定将他所获得的最佳品种分送给他的邻居们。

一位采访此农民的记者觉得奇怪，难道他不怕别人获得他得奖的品种，因此在下次的比赛中胜过他？谁知农民却笑着答道："虽然我可以保证在自己农田里下更多的功夫，但是，我无法避免因风吹而使邻居的花粉飘到我的田里。倘若我将不好的种子分享给邻人，那么飘过来的劣质花粉，也必然会使我的田地产出不好的品种，因此，唯有在我周围的品种都是好的，才能保证我的田里产出最好的品种。而我则会继续努力研究，并且不断改良农作物品种。所以我从来不担心别人超越我，相反，若有人超越我，将带给我精益求精的动力、追求的动力，让我追求更大的进步。"

听到这位农民如此坦诚的解释，记者不得不赞叹他是真正有大智慧的人，是真正的冠军。

4. 谦虚是做好客服工作的要素之一

客服人员需要具备很强的专业知识，对产品性能、产品使用、购物流程等专业知识均要熟知。面对自己的企业和产品，客服人员可能是专家，而客户可能会说出很多外行的话。如果客服人员不具备谦虚的美德，有可能会有意无意地在客户面前炫耀自己的专业知识，甚至取笑客户的无知和浅薄，这是服务中非常忌讳的一点。客服人员要求有很高的服务技巧和专业知识，要求快速有效地解决客户的疑问，但绝对不能在客户面前卖弄自己的专业水平。

5. 勇于承担责任，具有强烈的集体荣誉感

在很多企业，客服部门是一个团队，共同承担对外展示企业形象、维护企业信誉之职。客服部门每天与各式各样的人群打交道，而且同一个客户可能在不同时间段分别有几个客服人员进行服务，在交接中出现错误和失误在所难免。出现差错，每个客服人员都应勇敢地承担起自己的责任，而不能是拼命寻找一些客观原因去掩盖错误，或为错误辩解，甚至推卸责任，指责他人，这是衡量一个团队成员是否有职业精神的重要标准。须知客服部门是代表企业去与客户沟通的，服务强调的是团队精神，集体荣誉感是维系客服团队成为一个整体的灵魂。

 课堂演练 1–5

团队合作能力训练 1

全班分成若干小组，完成以下任务。

任务：以下每行字均可组成一句有条理的话，请仿照例句完成组话。最先完成且正确的小组获胜。

例：市杭一美的城州乡处丽情散水怀是处座发着

正确语序：杭州是一座处处散发着水乡情怀的美丽城市

以下为训练题目：

1. 走着我牵迷闭路睛着不你也眼的手会
2. 藉就刚终还转是似阑华眼锦珊是一狼片火曲刚繁人灯散
3. 西东海牛落山愁也日出一天舒坦遇事一天人也不钻舒坦角尖喜也心也

 课堂演练 1–6

团队合作能力训练 2——观察力训练：找变化

全班分成若干小组，完成以下任务。

任务：1. 每两小组为一训练组，称 A、B 组。

    2. A 组、B 组各选出一个成员，互相观察 1 分钟。

    3. A 组成员在身上做 5 个变化。

    4. B 组同学在 1 分钟内尝试找出对方所有的变化。

    5. 角色对调。

时间短且正确率高的小组获胜。

 课堂演练 1–7

团队合作能力训练 3——语言组织能力训练

故事接龙：给出故事开头，大家自由发挥想象，通过全班协作完成一个完整新颖有趣或感人的故事。

如故事开头：清秋的校园里，小明孤独地走着，在寻找着那个美丽的身影，可是他连她的名字都不知道。

规则：

1. 全班分成 2 大组；如 1~4 小组为第一大组，5~8 小组为第二大组。每大组完成一个故事。

2. 每小组接续故事不超过 100 字，不少于 30 字。

3. 一个故事不少于 500 字。

4. 根据故事的合理性、完整性、趣味性等评分。

三、技能素质要求

1. 良好的语言表达能力

良好的语言表达能力是客服人员上岗的基本要求，客服人员必须会说标准、清晰、自然、流畅的普通话，能明确表达自己的思想，而不给别人造成误解。加强语言表达能力的方法有多种，如朗读、绕口令练习、参加各种演讲比赛、多和身边的人交流等，只要肯下功夫，一定会有成效。

如果声音条件不太好，建议参加一些科学发声方面的训练，从呼吸方法、气息控制与发声、吐字归音要领、口腔共鸣训练、嗓子的使用及保护等方面提升自己的声音条件，增强客服岗位的就业竞争力。

 **阅读材料 1-17**

梁启超的故事

清末大学问家梁启超才高八斗，但他所说的"广东普通话"却十分难懂。

1898 年 7 月 3 日，光绪皇帝召见梁启超，依清朝旧制，举人被召见后，应当赐予翰林或内阁中书，赏四品衔。但因梁启超的"普通话"讲得实在太差，把"考"字说成"好"，把"高"字说成"古"，光绪帝虽侧耳倾听，还是听不懂，结果仅赐他六品顶戴。

梁启超晚年在清华大学讲学，北京高等师范学校教务长王桐龄教授十分钦佩梁氏才学，逢课必到，风雨无间，但总是听不到二三成，常常高兴而至，扫兴而返。

假若梁启超先生的"普通话"标准些，他的新思想可能会被更多的人所接受，维新变法成功的可能性也许会大大增加。

 **课堂演练 1-8**

语言表达能力训练 1

请快速准确朗读以下绕口令，用时短、口齿清楚且无错误者获胜。

1. 哥哥挎筐过宽沟，快过宽沟看怪狗，光看怪狗瓜筐扣，瓜滚筐扣哥怪狗。

2. 哥哥弟弟坡前坐，坡上卧着一只鹅，坡下流着一条河，哥哥说：宽宽的河，弟弟说：白白的鹅。鹅要过河，河要渡鹅。不知是鹅过河，还是河渡鹅。

3. 老龙恼怒闹老农，老农恼怒闹老龙。农怒龙恼农更怒，龙恼农怒龙怕农。

课堂演练 1-9

语言表达能力训练 2

请快速读出图片中箭头内汉字的颜色，注意不要读成箭头的颜色，也不要读成汉字本身。

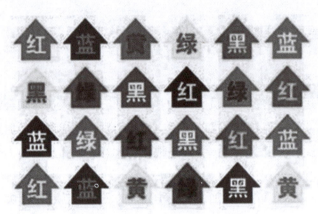

课堂演练 1-10

语言表达能力训练 3

根据看到的图片和图片背景解说，思考 1~3 分钟，然后口头发表不少于 200 字的评论（或不少于 20 秒的即兴演讲），角度不限，要求尽量不重复前面同学的观点。

图片一背景：在大城市繁华的街上，一个拉着比自己高出几倍货物的三轮车在车流中穿梭，同方向行驶的自行车和轿车都和三轮车保持着车距。

图片二背景：某实验小学为部分学生发放绿领巾，要求这些学生进行佩戴。据该校教师解释称，学习、思想品德表现稍差的学生没有红领巾，所以该校便为这部分学生发放了绿领巾。

课堂演练 1-11

语言组织能力训练 1

用一个成语的每一个字开头编写一段话或小故事，要求逻辑清楚，语言通顺，有趣味性更佳。

如：一帆风顺

一早出海，匆匆忙忙没有把

帆绳系好，谁知吹来一阵龙卷

风，差点船都翻了，还好老天保佑，

顺利渡过了难关。

训练成语：雪中送炭、一日三秋、百感交集、不毛之地

课堂演练 1-12

语言组织能力训练 2

给出若干个词语，请用这些词语编一段话，要求逻辑清楚，语言通顺，有趣味性更佳。

如：水、图书馆、走失

外地朋友带孩子来济南玩，我们一起到图书馆看书，渴了孩子出去买水，结果居然走失了。

训练词组：

1. 阳光、奔驰、美丽

2. 一个、法官、时间

3. 病毒、联合、休息、公正

4. 没精打采、沉默不语、器宇轩昂、油然而生

5. 计算机、口红、大山、高温、能力

请任意 4~5 人各说一个词语。

2. 丰富的行业知识和熟练的专业技能

客户最希望得到的就是服务人员的帮助，因此丰富的行业知识和熟练的专业技能是解决客户问题的必备武器。客服人员要力求成为产品的专家，能够解决客户遇到的任何问题。如果客服人员不能成为业内人士，不是专业人才，问题不能及时解决，可能会使企业形象受损，甚至引发客户投诉。如果客户觉得产品不够好，客服人员又不能帮他解决问题，那么公司可能会永远失去这个客户。

3. 独立思考和处理事务能力

优秀的客服人员必须能独当一面，具备独立处理工作的能力。方法比知识更重

要，客服人员要善于总结每天工作中碰到的各类问题，并分门别类制定应对措施；要善于思考，提出工作的合理化建议，提高整个部门的工作效率。

任务四　压力调整与情绪管理

案例导入

爱地巴的启示

在古老的西藏，有一个叫爱地巴的人，每次生气和人起争执的时候，就以很快的速度跑回家去，绕着自己的房子和土地跑三圈，然后坐在田边喘气。

爱地巴工作非常勤劳努力，他的房子越来越大，土地也越来越广。但不管房地有多广大，只要与人争论而生气的时候，他就会绕着房子和土地跑三圈。"爱地巴为什么每次生气都绕着房子和土地跑三圈呢？"所有认识他的人，心里都感到疑惑，但是不管怎么问他，爱地巴都不愿意明说。

直到有一天，爱地巴的房子和土地已经太大了，他生了气，拄着拐杖艰难地绕着土地和房子转，等他好不容易走完三圈，太阳已经下山了，爱地巴独自坐在田边喘气。他的孙子在身边恳求他："阿公！您已经这么大年纪了，这附近地区也没有其他人的土地比您的更广，您不能再像从前一生气就绕着土地跑了。还有，您可不可以告诉我您一生气就要绕着土地跑三圈的秘密？"

爱地巴终于说出隐藏在心里多年的秘密，他说："年轻的时候，我一和人吵架、争论、生气，就绕着房地跑三圈，边跑边想自己的房子这么小，土地这么少，哪有时间去和人生气呢？一想到这里，气就消了，把所有的时间都用来努力工作。"孙子问道："阿公！您年老了，又变成了最富有的人，为什么还要绕着房子和土地跑呢？"爱地巴笑着说："我现在还是会生气，生气时绕着房子和土地跑三圈，边跑边想自己的房子这么大，土地这么多，又何必和人计较呢？一想到这里，气就消了。"

故事的启示：随着社会变革和经济转轨的逐步深化，人们面临的生活压力和社会冲突日益加剧，高速前进的社会和人文环境对人们的心理素质构成挑战。有人说：21世纪是心理学的世纪，新的时代是人的时代。个人心理素质的优劣将直接关系到自身的生存发展，要想在价值取向趋于多元化的现代社会立足，有所发展和有所作为，就必须具备健康的心理和健全的人格。理论和实践都证明，在这个优胜劣汰的时代，心理不健康者比过去任何时候都容易被社会淘汰。掌握压力调整和情绪管理技巧，有利于促进健康心理的形成。

一、压力调整

服务工作是一项与人打交道的工作，不同的顾客对于服务有着不同的理解和看法，服

务的宗旨又是令顾客满意，所以，客户服务工作给服务人员带来了不小的压力。作为客户服务人员，应该能够正确看待自己所面临的工作压力，并分析压力的成因，从而找出正确的应对方法。

1. 压力的概念

压力是心理压力源和心理压力反应共同构成的一种认知和行为体验过程。心理压力是个体在生活适应过程中的一种身心紧张状态，源于环境要求与自身应对能力不平衡；这种紧张状态倾向于通过非特异的心理和生理反应表现出来。

压力是一个外来词，原意是痛苦。压力会影响人们的身心健康，早已被公认。有压力就会有应激反应，应激是个体面临或察觉（认知、评价）到环境变化，压力源对机体有威胁或挑战时，作出的适应和应对的过程。应激反应可能产生积极影响，也可能对人产生严重危害。这就要求通过恰当的心理调节来缓解压力。

2. 压力的产生

在日常生活中，我们每个人经常会感到某种压力。人的许多心理问题也都源于压力或因对压力不能合理调节而产生。那压力是如何产生的呢？

压力是一个人心理上的感受，每个要求进步、积极进取的人都会对自己有严格的要求，希望自己能将事情做得最好，因此一旦当某件事对他有难度，让他感觉做得不完美或自己似乎不能解决这件事的时候，压力自然而然地就产生了。对这些压力的处理，人与人之间有着非常明显的个体差异。同样一件事，在某些人眼里，简直不足挂齿，而在另一些人看来，却是天大的事。是举重若轻，还是举轻若重，与一个人的人格和心理承受能力大有关系。那些对自己要求过多、过严，同时心理承受能力较差的人，就容易把小事放大，这样小压力也就成了大压力。

对于一个客户服务人员来说，压力主要来自三方面：每天工作量大、工作强度大、自身能力不足；面对客户的投诉、不满、负面情绪甚至于无礼的对待；面对公司为了保证服务质量的考核指标。简单地说，压力来自自身、客户和公司。

3. 处理压力的技巧

客户服务人员通过合理高效的时间安排、制订切实可行的工作计划、适当休息等都可以减轻工作中的压力。

（1）自我心态的调整。

要有一个平和的心态对待压力，同时要有能够承受压力的健康心态。即使发生了什么令人不愉快的事情，也应该微笑面对，不失风度。然后，可以尽快离开这个地方，去做一下深呼吸或想一些令人开心的事情。当心情平静下来时，可以再回来工作或请别人帮忙解决问题。

（2）合理高效地利用时间。

时间的安排和利用是决定客户服务工作成功与否的关键。可以把一天要完成的工作列出一张清单，并把它们按优先顺序排列，这样可以减轻工作中的压力。关注那些棘手的工作，如果总是把它往后推，心里就老会惦记着它。如果一项工作把你压得喘不过气来，完全可以把它分解成小块儿，每次只做一部分。

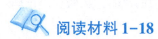

阅读材料1-18

周一综合征

　　据英国《金融时报》报道，加拿大心理学家、麦吉尔大学教授比·莫斯考维茨曾作过一个有趣的研究，根据人一周的行为规律画出了一幅一周工作节律图，她认为人的一周是有规律性的。周一到周五，工作节律大不相同，一周的前半部，人的精力旺盛，态度和行为比较激进；一周的后半部，人的精力逐渐下降，却也更容易通融。大部分医生认为：在一周的生理周期里，人体组织工作效能会发生明显变化，既表现在体力上，也反映在智力上。一般说来，星期一这天能力最低，表现为精神欠佳，情绪低落，意志消沉，心绪不宁，之后逐渐恢复，精力充沛，体轻手巧，情绪乐观，思维敏捷，到了星期一，又转向衰退。

　　倦怠、沮丧、懒洋洋、病恹恹，感觉到比平时的压力要大一些，精神也相对紧张一些，许多工薪阶级都有类似的"周一上班症候群"，这种病症通常星期一发作，星期三症状缓解，周四到周末迈入潜伏期，下星期一再度凶猛发作。这些问题纠缠确实很让人们苦恼，因此如何解决这个问题成了很多人会关注的问题。

　　周一综合征的机理，被认为是巴甫洛夫学说的"动力定型"，即旧的动力定型被破坏而新的动力定型难以建立时的"混乱"。人们从星期一到星期五，分秒必争，聚精会神于工作和学习，形成了与学习和工作相适应的"动力定型"，把与工作和学习无关的事置之度外。轮到双休日，这些被置之度外的事又被提上议事日程，而且必须料理。这样，双休日就成为格外忙碌的日子。有的忙于繁杂的家务，里里外外，劳碌奔波；有的则趁双休日玩个痛快，逛商店、游公园、看录像，特别是那些牌迷和网虫，更是夜以继日；有的则是利用双休日走亲访友，或家人团聚等，不一而足。这两天，把原来建立起来的工作与学习的"动力定型"破坏了。待到双休日过后的星期一，必须全身心重新投入工作和学习，即必须重新建立或恢复被破坏了的"动力定型"，这就难免出现或多或少的不适应。

　　我们所需要解决的就是如何去保持"动力定型"不变，所以适当地去了解工作尤为重要。建议在周日晚上睡觉前，简单规划星期一上午、下午各要完成哪些重点任务，或思考怎么安排事情会做得更快、更好，这样周一一进公司，就能立刻上手。

　　如今生活工作节奏的加快使很多人越来越难以接受，但有科学的生活规律或技巧能帮你在这个竞争激励的社会中保持一种平和的动力与自信，相信只要自己能很好地总结规律去调整，这个所谓的周一综合征也不过就是人们工作中的一部插曲吧。

　　（3）积极的自我对话。

　　不时对自己说些激励的话，比如，"我能处理好这些事情""我不能让这件事影响到我"，或"这仅仅是暂时性的。过了一年之后，就没什么大不了的。"人们经常容易陷入消极的自我对话，这对身心健康非常有害，他们会对自己说，"我做不了这些""无论我做什么都会出错"或"为什么我不能更……呢"等。如果经常对自己说诸如此类没有信心的话，那么这些假设就有可能变成现实。原因是，一旦接受了消极的现实，那么进取心就会下降，这也就导致了压力的产生并且陷入消沉。

（4）运用想象放松。

通过想象，训练思维"游逛"，如"蓝天白云下，我坐在平坦绿茵的草地上""我舒适地泡在浴缸里，听着优美的轻音乐"，在短时间内放松、休息，恢复精力，让自己得到精神小憩，你会觉得安详、宁静与平和。

（5）控制呼吸和肌肉放松法。

当感觉情绪激动时，最简单、最有效的努力就是控制呼吸，通过控制呼吸来缓解焦虑。可以进行几次深呼吸，先用鼻子慢慢地吸足一口气，大约数4个节拍，然后慢慢吐气，也用4个节拍，每次连续做4~10分钟即可。也可以闭上眼睛做，边做深呼吸边想象一些美好的情景，效果会更好。

紧张焦虑会导致二氧化碳和氧气在血液中的比例失调，从而改变血液的酸性，引发钙在肌肉和神经中的急剧增加，使肌肉敏感度提高，让人感到颤抖、紧张。因此，肌肉松弛法有利于缓解肌肉紧张。具体做法是：①头部放松。用力紧皱眉头保持10秒钟，然后放松；用力闭紧双眼，保持10秒钟，然后放松；用舌头抵住上腭，使舌头前部紧张，保持10秒钟，然后放松。②颈部肌肉放松。将头用力下弯，努力使下巴抵达胸部，保持10秒钟，然后放松。③腹部肌肉放松。绷紧双腿，并膝伸直上抬，保持10秒钟，然后放松；将双脚向前绷紧，体会小腿部的紧张感10秒钟，然后放松。

（6）培养业余爱好。

大多数人喜欢沉溺于自己的爱好之中，例如，养花种草、制陶、绘画、舞蹈等。他们认为业余爱好是一种精神娱乐、一种闲暇时的消遣。业余爱好能分散人们的注意力，让人们学会放松自己。不过，如果想培养业余爱好的话，就要看你有没有足够的时间以及是否拥有情趣和天分了。无论是选择在户外还是在室内进行活动，其中最关键的一点是，要做你喜欢做的事情。

（7）休息时幽默一下。

试着读些、看些、听些幽默搞笑的故事。到了工作休息时间，与同事们一起分享一些你在应付客户的时候所发生的令人捧腹大笑的经历，或许还能从别人身上学到一些新的客户服务方法。

 阅读材料1-19

水与压力

有一位讲师正在给学生们上课，大家都认真地听着。寂静的教室里传出一个浑厚的声音："各位认为这杯水有多重?"说着，讲师拿起一杯水。有人说二百克，也有人说三百克。"是的，它只有二百克。那么，你们可以将这杯水端在手中多久?"讲师又问。很多人都笑了：二百克而已，拿多久又会怎么样!

　　讲师没有笑，他接着说："拿一分钟，各位一定觉得没问题；拿一个小时，可能觉得手酸；拿一天呢？一个星期呢？那可能得叫救护车了。"大家又笑了，不过这回是赞同的笑。

　　讲师继续说道："其实这杯水的重量很轻，但是你拿得越久，就觉得越沉重。这如同把压力放在身上，不管压力是否很重，时间长了就会觉得越来越沉重而无法承担。我们必须做的是放下这杯水，休息一下后再拿起，只有这样我们才能拿得更久。所以，我们对所承担的压力，应该在适当的时候放下，好好地休息一下，然后再重新拿起来，如此才可承担更久。"

　　说完，教室里一片掌声。

　　感悟：这就像我们在职场上一样，工作的压力越来越大，如果我们就像拿起杯子一样拿起它而不放下，即使一点点压力也会让我们不堪重负，但如果我们将工作上的压力于下班时放下而不带回家，回家后好好休息，明天再拿起压力，这样的话哪怕再大的压力也不会觉得痛苦了，甚至会把这种压力转化为一种动力。

二、情绪管理

　　"人非草木，孰能无情？"各种情绪，如喜悦、愤怒、悲哀、恐惧、苦恼、烦闷、赞叹等，人人都有过切身的体验。

　　客户服务人员每天上班，付出最大的劳动力不是体力上的，也不是智力上的，而是情绪上的。客户服务人员在和客户的沟通中，常常会遇到一些比较难以应对的客户，比如要求很苛刻或者无礼、态度粗鲁、说脏话等，能够较好地进行情绪控制的人就会始终保持温和的态度，很稳重，不会和客户有摩擦或冲突；有些人性子比较急，容易冲动，就会很容易和客户发生矛盾，这就难免会受到客户的投诉。即使是受到客户的投诉，情绪稳定的人也会把它作为自己成长的一个契机，会吸取教训和经验，不断改进；而情绪不稳定的人就会从心理上接受不了，产生抵触心理，越来越不喜欢这份工作。因此，管理好自己的情绪，保持情绪稳定，对于从事客户服务工作是非常重要的。

 微言微语

　　一个真正强大的人，是能掌控自己情绪的人。

 阅读材料1-20

盛怒杀爱鹰

　　相传成吉思汗带着心爱的老鹰上山打猎，干渴难耐时发现一处有少量水渗出的山谷，便耐着性子用杯子接那滴答下来的泉水，在接满水准备喝的那一刻，杯子却被老鹰扑翻在地，而且如此反复两次。成吉思汗勃然大怒，一气之下杀了爱鹰。之后当他寻往高处的水源地时才发现，原来爱鹰不让他喝水并不是出于逗弄，而是由于水源里有一条死去的毒蛇尸体。成吉思汗在盛怒那一刻已经被情绪"绑架"了，阻断了自己合理的思考过程，最终酿成大错。

课堂演练 1-13

情绪失控的后果

情绪的失控容易导致失去理智，而失去理智，则冲动难免发生。

1. 请查阅网络资料，列举 1~2 个由于情绪失控导致伤害的事件。

2. 你本人有过情绪失控的类似经历吗？结合自身经历讨论如何有效控制情绪。

1. 情绪的概念

情绪是一种主观感受，或者说是一种内心体验，是以人的需要为中介的一种心理活动，它反映的是客观外界事物与主体需要之间的关系。情绪活动是无时不在、无处不在的，人人皆有情绪。外界事物符合主体的需要，就会引起积极的情绪体验，否则便会引起消极的情绪体验。

2. 情绪的分类

在距今大约 2 000 年前的周朝，有一部古书叫《礼记》，在这本书里，把人的情绪称为"七情"：喜、怒、哀、惧、爱、恶、欲。情绪本身是非常复杂的，因此要对情绪进行准确的分类就显得尤为困难。许多研究者对此进行了长期的探索，其中有两种分类方法颇具代表性。

（1）依据情绪的性质分类。

1）快乐。快乐是盼望的目的达到后，继之而来的紧张解除时的情绪体验。快乐的程度取决于愿望满足的意外程度。快乐的程度从满意、愉快到大喜、狂喜。快乐是一种追求并达到目的时所产生的满足体验，是具有正性享乐色调的情绪，会使人产生超越感、自由感和接纳感。

2）愤怒。愤怒是由于受到干扰而使人不能达到目标时所产生的体验。目的和愿望不能达到，一再受到阻碍，从而积累了紧张，最终产生愤怒。特别是所遇到的挫折是不合理的或是被人的恶意所造成的时候，愤怒最容易发生。当人们意识到某些不合理的或充满恶意的因素存在时，愤怒也会骤然发生。愤怒的程度依次是不满、生气、愠怒、愤、激愤、大怒、暴怒。

3）恐惧。恐惧是企图摆脱、逃避某种危险情景时所产生的情绪体验。恐惧往往是由于缺乏处理、摆脱可怕情景的力量和能力而造成的。

4）悲哀。悲哀与失去所盼望、所追求的东西和目的有关，是在失去心爱的对象或愿望破灭、理想不能实现时所产生的体验。悲哀情绪体验的程度取决于对象、愿望、理想的重要性与价值。悲哀的程度依次是遗憾、失望、难过、悲伤、哀痛。悲哀所带来紧张的释放会产生哭泣。

在以上四种基本情绪之上，可以派生出众多的复杂情绪，如厌恶、羞耻、悔恨、嫉妒、喜欢、同情等。

 阅读材料 1-21

情绪对健康的影响

曾有个简单的实验，研究情绪对健康的影响。美国生理学家艾尔玛·辛吉斯将一支支玻璃管插在摄氏零度、冰与水混合的容器里，以收集人们在不同情绪时呼出来的"气水"。结果发现，心平气和时呼出来的气，凝成的水清澈透明、无色、无杂质。如果生气，则会出现一种紫色的沉淀物。研究者将这种"生气水"注射到小白鼠身上，几分钟后，小白鼠竟然死了。

情绪无好坏之分，由情绪引发的行为或行为的结果有好坏之分，因此，一般我们根据情绪所引发的行为或行为的结果，将情绪划分为积极情绪、消极情绪两大类。

有些人将消极情绪等同于负性情绪，这是不准确的。所谓负性情绪，通常是指那些不愉快甚至是引发人痛苦、愤怒的情绪体验，例如压抑、生气、委屈、难过、苦恼、沮丧等。一般来讲，负性情绪并非一定都是消极的。负性情绪在一定的情境之中，也同样具有重要的作用和功能。例如，恐惧情绪使人脱离险境，羞耻情绪会使人避免做违背社会规范的行为；即使是痛苦、悲伤等情绪反应，也同样具有能使人感受到自己的心理伤害，促使人们及时调整自己的积极方面的功能。所以说，负性情绪并不等于消极情绪。

（2）依据情绪的状态分类。

1）心境。心境是一种使人的一切其他体验和活动都染上情绪色彩的情绪状态。它是持续的、微弱的、平静的。人逢喜事精神爽，生活中的事件，例如事业的成败、工作的顺利与否，与周围人的关系好坏，机体状态如健康程度、疲劳、睡眠情况等都影响心境。有些影响心境的原因人们不一定能认识到。心境是一种具有感染性的、比较平稳而持久的情绪状态。当人处于某种心境时，会以同样的情绪体验看待周围事物。例如，人伤感时，会见花落泪，对月伤怀。心境体现了"忧者见之则忧，喜者见之则喜"的弥散性特点。平稳的心境可持续几个小时、几周或几个月，甚至一年以上。

2）激情。激情是一种爆发快、强烈而短暂的情绪体验。例如，在突如其来的外在刺激作用下，人会产生勃然大怒、暴跳如雷、欣喜若狂等情绪反应。在这样的激情状态下，人的外部行为表现比较明显，生理的唤醒程度也较高，因而很容易失去理智，甚至做出不顾一切的鲁莽行为。因此，在激情状态下，要注意调控自己的情绪，以避免冲动行为。处在激情状态下，人的认识活动范围往往会缩小，仅仅指向与体验有关的事物；理智分析能力减弱，往往不能约束自己的行为，不能正确地评价自己行为的意义和后果。激情持续的时间较短，通常由一个人生活中的重大事件、对立意向（要求）的冲突、过度抑制和兴奋等因素引起。激情也有积极和消极之分。积极的激情可以成为人们积极行动的巨大力量。

3）应激。应激是出乎意料的紧张状态所引起的情绪状态。在突如其来的或十分危险的条件下，必须迅速地、几乎没有选择余地地做出决定的时刻，容易出现应激状态。当人面临危险或突发事件时，身心会处于高度紧张状态，引发一系列生理反应，如肌肉紧张、心率加快、呼吸变快、血压升高、血糖增高等。例如，当遭遇歹徒抢劫时，人就可能会产生上述的生理反应，从而积聚力量以进行反抗。当驾车出现危险情景的时刻，在遇到巨大自然灾害的时刻，这时就需要人们根据自己的知识经验，集中意志力，迅速地判明情况，果断地做出决定。在应激状态下，人可能有两种表现：一种是目瞪口呆，手足无措，陷入一片混乱之中；一种是头脑清醒，急中生智，动作准确，行动有力，及时摆脱困境。对付应激状态是可以训练的，但应激的状态不能维持过久，因为这样很消耗人的体力和心理能量。若长时间处于应激状态，可能导致适应性疾病的发生。

课堂演练 1-14

情绪控制诗

情境：教师展示以下诗句，小组讨论。

无名诗（王安石）

风吹屋檐瓦，

瓦坠破我头。

我不恨此瓦，

此瓦不自由。

讨论：1. 读了此诗，你有什么体会？

　　　2. 请联系生活中的实际案例，谈谈如何控制你的情绪。

　　　3. 列举其他有关情绪控制的古诗词。

3. 情绪管理

情绪管理是指用心理科学的方法有意识地调适、缓解、激发情绪，以保持适当的情绪体验与行为反应，避免或缓解不当情绪与行为反应的实践活动。

情绪管理的内容包括以下几方面：

（1）体察自己的情绪。

时时提醒自己注意：我现在的情绪是什么？例如：当你因为朋友约会迟到而对他冷言冷语，问问自己：我为什么这么做？我现在有什么感觉？有许多人认为，人不应该有情绪，所以不肯承认自己有负面的情绪，要知道人是一定会有情绪的，压抑情绪反而会带来更不好的结果，学会体察自己的情绪，是情绪管理的第一步。

（2）适当表达自己的情绪。

再以朋友约会迟到的例子来看，你之所以生气可能是因为担心对方，在这种情况下，你可以婉转地告诉朋友："你过了约定的时间还没到，我好担心你在路上发生意外"。试着把担心的感觉传达给对方，让其了解迟到会带给你什么感受。什么是不适当的表达呢？例如指责朋友每次约会都迟到。当你指责对方时，也会引起其负面的情绪，对方会变成一只刺猬，忙着防御外来的攻击，没有办法站在你的立场为你着想，其反应可能是："路上塞车嘛！有什么办法，你以为我不想准时吗？"如此一来，两人开始吵架，别提什么愉快的约会了。如何适当表达情绪，是一门艺术，需要用心的体会、揣摩，更重要的是要确实用在生活中。

 阅读材料 1-22

坏脾气的男孩

一个男孩有着很坏的脾气，于是他的父亲就给了他一袋钉子，并且告诉他，每当他发脾气的时候就钉一根钉子在后院的围栏上。第一天，这个男孩就钉下了 37 根钉子！慢慢地每天钉下钉子的数量减少了，他渐渐学会了控制自己的脾气。终于有一天，这个男孩不再乱发脾气了。

父亲又告诉他，现在开始每当他能控制自己脾气的时候，就拔出一根钉子。一天天地过去了，最后男孩告诉他的父亲，他终于把所有钉子都拔出来了。父亲牵着他的手来到后院说："你做得很好，我的孩子。但是你看看围栏上的那些洞，这些围栏将永远不能恢复成从前。你生气的时候说的话就像这些钉子一样留下疤痕，不管你说了多少次对不起，那个伤口将永远存在。话语的伤痛就像真实的伤痛一样令人无法承受。"

感悟：人际关系取决于一个人的情绪表达是否恰当。当我们把情绪毫无保留地发泄在周围人的身上时，那种和谐关系无形中就被破坏掉了，就好像是被打破的杯子一般，就算接合后也会有裂缝。倘若我们常在他人面前任由负面情绪决堤，乱发脾气，丝毫不加控制，久而久之，别人就会视我们为难以相处之人，甚至不再与我们往来。

（3）以合适的方式舒缓情绪。

舒缓情绪的方法很多，有些人会痛哭一场，有些人会找三五好友诉苦一番，还有些人会逛街、听音乐、散步或逼自己做别的事情以免老想起不愉快，比较糟糕的方式是喝酒、飙车，甚至自杀。舒缓情绪的目的在于给自己一个厘清想法的机会，让自己好过一点，也让自己更有能量去面对未来。如果舒缓情绪的方式只是暂时逃避痛苦，尔后需承受更多的痛苦，这就不是一个合适的方式。有了不舒服的感觉，要勇敢地面对，仔细想想"为什么这么难过、生气？""我可以怎么做，将来才不会再重蹈覆辙？""怎么做可以降低我的不愉快？""这么做会不会带来更大的伤害？"根据这几个角度去选择适合自己且能有效舒缓情绪的方式，你就能够控制情绪，而不是让情绪来控制你。

4. 客户服务人员情绪管理的方法

客户服务人员是客户最直接的面对者，也是情绪传递的最直接媒介。作为客户服务人员，每天面对或聆听的是不同的人、不同的面孔、不同的声音，工作中，情绪激烈的客户、工作量的压力、同事的误解等，都可能会成为消极情绪产生的导火索。消极情绪和不当的沟通方式，势必会影响与客户的沟通，还有可能让矛盾冲突升级。反之，积极的情绪会促进工作，微笑着回答每个问题，极富同理心地倾听与沟通，会让原本难以解决的问题迎刃而解，原本言辞激烈的客户怒气全消。

让一杯浑浊的水重新变得清澈，通常有以下几种方法：沉淀法、稀释法、蒸馏法、过滤法、替换法，情绪管理也可以分别使用以上几种方法，这就是情绪调控的"净水法则"。

（1）净水法则一——"沉淀法"。

在古希腊的传说中有一个关于"仇恨袋"的故事，这个"仇恨袋"有一个特性：如果它挡住了你的去路，你想把它踩扁，然后从它身上跨过去，那么，你就犯了一个错误，因为，这个"仇恨袋"会越踩越大，最后，它会变得像一座山一样那么高，你永远也别想通过了。怎样才能通过呢？唯一的办法就是，别去碰它，置之不理，这样，"仇恨袋"就会慢慢地变小，直到变得扁扁的，像一张纸片，你轻易地就可以跨过去。就像一杯浑水，不去摇动或用其他东西搅动，要不了多久，这杯水中的泥沙自己就会沉淀下来，变得清澈。

客户服务人员在工作中经常会遇到不顺心的事，导致心情很不爽。这时，客户服务人员不要老惦记那些让自己不愉快的事，把它放下来，就当这些事没有发生，过了一段时间，心情自然就好了。

（2）净水法则二——"稀释法"。

一杯浑水，如果将它无限稀释，最后也会变得清澈。同样，如果客户服务人员很不开心，完全可以通过其他途径来稀释心中的不愉快。可以通过看电影、逛街、打球、散步等活动来稀释心中的不愉快，痛痛快快哭一场也是一个好办法。

（3）净水法则三——"蒸馏法"。

"蒸馏法"也称"提升生命价值法"，说得通俗一点，就是工作后积极充电，增强自身竞争优势。如果客户服务人员很专业，经验很丰富，能力很强，遇到问题能够轻而易举地解决，那么，工作起来当然就充满自信，就算有点小挫折，也很容易消化。一个健康的躯体本身就具备很强的免疫力，客户服务人员如果能够通过不断学习、总结，提升自己的能力，那么其本身抵御外界伤害的能力也会很强。

（4）净水法则四——"过滤法"。

客户服务人员要时刻学会清除掉精神上的垃圾，把那些影响自己工作的负面情绪如忧愁、恐惧、紧张等清理掉，然后重新整理自己的思路，并养成习惯，这样每天工作起来就会精神百倍了。

（5）净水法则五——"替换法"。

将一杯浑水倒掉，直接装一杯清水，恐怕这是最快使杯子里的水变清的一种方法。对于客户服务人员来说，要最快地改变自己的心情，就是换一个角度来看待同一件事。

课堂演练 1-15

课堂小辩论

辩论主题：作为服务人员，如何对待公司的每一个客户？

正方：客户没有高低贵贱之分，来者都是客，对每个客户都应该热情对待、一视同仁。

反方：不同的客户带给公司的价值不同，应该严格分级、区别对待，要学会放弃一些客户。

任务：

1. 全班选定2个小组，随机抽取正方、反方后进行材料准备；

2. 开展辩论：分一辩陈述、自由辩论、总结陈词等环节进行辩论；

3. 辩论结束后，观众可向双方提出问题；

4. 根据双方表现进行点评、评分，教师总结。

评分标准：

1. 观点鲜明，论证充分，引证恰当，分析透彻、严密。

2. 表达流畅，发音准确，用词得当，层次清楚，逻辑严密。

3. 反响灵敏，回击有力，配合默契，表情丰富，仪态端庄，风度优雅。

 微言微语

一个人的成就高低与其思想格局成正比。格局就好比一个人的眼光，有的人只在方寸间斤斤计较，所以他的成就必然有限；若一个人有较宽广的格局，不以现阶段的成败来论英雄，争千秋而不争一时，那么短暂的失败和困顿，则成了最好的激励要素。

 阅读材料1-23

生活就是一面镜子

某日，一位知名人士的家中被盗，丢失了许多东西。朋友闻讯，忙写信安慰他，劝他不必太在意。这位知名人士给朋友写了一封回信："亲爱的朋友，谢谢你来安慰我，我现在很平安，感谢生活。因为，第一，贼偷去的是我的东西，而没伤害我的生命；第二，贼只偷去我的部分东西，而不是全部；第三，最值得庆幸的是，做贼的是他，而不是我。"

对任何一个人来说，被盗绝对是不幸的事，而这位知名人士却找出了感谢的三条理由。这个故事，启发我们该如何感谢生活，如何在不利的事件中看到有利的一面，如何发现我们身边很多美好的方面。这是一种处世哲学，是生活中的大智慧。

"生活就是一面镜子，你笑，它也笑；你哭，它也哭。"

 阅读材料1-24

散文诗：今天我要学会控制情绪

今天我要学会控制情绪。

我怎样才能控制情绪，

让每天充满幸福和欢乐？

我要学会这个千古秘诀：

弱者任情绪控制行为，

强者让行为控制情绪。

每天醒来

当我被悲伤、自怜、失败的情绪笼罩时，

我就这样与之对抗：

沮丧时，我引吭高歌；

悲伤时，我开怀大笑；

病痛时，我加倍工作；

恐惧时，我勇往直前；

自卑时，我换上新装；

不安时，我提高嗓音；

穷困潦倒时，我想象未来的富有；

力不从心时，我回想过去的成功；

自轻自贱时，我想想自己的目标。

总之，今天我要学会控制自己的情绪。

从今以后，

我明白了，

只有低能者才会江郎才尽，

我并非低能者，

我必须不断对抗那些企图摧垮我的力量。

失望与悲伤一眼就会被识破，

而其他许多敌人是不易察觉的。

它们往往面带微笑，招手而来，

却随时可能将我摧毁。

对它们，我永远不能放松警惕。

自高自大时，我要追寻失败的记忆。

纵情享受时，我要记得挨饿的日子。

洋洋得意时，我要想想竞争的对手。

沾沾自喜时，不要忘了那忍辱的时刻。

自以为是时，看看自己能否让风止步。

腰缠万贯时，想想那些食不果腹的人。

骄傲自满时，要想到自己怯懦的时候。

不可一世时，让我抬头，仰望群星。

今天我要学会控制情绪。

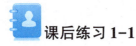课后练习 1-1

分析出色和糟糕的客户服务体验

回想近 3 个月中你所遇到的最好和最差的客户服务，各举一例。回忆一下当时发生了什么：对方说了什么或做了什么，用什么样的语调，以及采取了哪些行动，并将相应的内容填入表 1-1 中。

表 1-1　出色和糟糕的客户服务体验分析

你所打交道的公司或机构名称		××公司（机构）	
序号	体验内容与感受	最佳客户服务体验	最差客户服务体验
1	他们如何招呼你： 直呼其名；热情似火；温文尔雅；盛气凌人；漠不关心……		
2	他们隔多久才接待你： 马上；店员结束聊天之后；当队列向前移动时……		
3	你认为接待你的人视你为哪一种人： 一个尊贵的客户；他们可以推销任何东西的人；讨厌的人		
4	你对所受到的服务有何感受： 满意的；受尊重的；恼火的；失望的；无能为力的；快乐的		
5	所提供的服务达到了你的期望了吗： 是，远远超出了我的期望；不，我感到很失望		
6	这一感受是否会影响你与该公司或机构以后的交往： 还会去；会把感受告诉他人		
7	列出声誉卓著/声誉不佳的公司各 3 家		
8	公司的声誉从何而来		
分析结论			

 **课后测试题**

一、单选题

1. 王安石写过一首打油诗："风吹屋檐瓦，瓦坠破我头。我不恨此瓦，此瓦不自由。"此诗强调的是人应该（　　）。

A. 具备情绪的自我掌控及调节能力

B. 具备一定的自信心

C. 谦虚

D. 拥有博爱之心

2. 淘宝网采用 RFM 模型进行客户分类分析，以下不属于分类指标的是（　　）。

A. 最近一次购买时间　　　　　B. 消费频率

C. 消费者性别　　　　　　　　D. 消费金额

二、多选题

1. 优质的客服需要具备以下哪些技能素质？（　　）

A. 良好的语言表达能力　　　　B. 丰富的行业知识

C. 熟练的专业技能　　　　　　D. 特立独行的处理事务能力

2. 情绪管理包括哪些方面？（　　）

A. 体察自己的情绪　　　　　　B. 适当表达自己的情绪

C. 以合适的方式舒缓情绪　　　D. 转嫁给别人

三、判断题

客户服务意识是发自内心的强烈意愿，所以是后天无法学习和培训养成的。（　　）

项目二
客户服务基本能力训练

知识目标

（1）了解礼仪的基本概念。
（2）掌握商务交往礼仪规范。
（3）掌握电话接听技巧。
（4）掌握聆听、提问、复述技巧。

技能目标

（1）学会正确应用工作礼仪。
（2）学会正确接听电话。
（3）学会准确地聆听。
（4）学会有效地提问和复述。

素养目标

（1）塑造良好个人形象礼仪。
（2）养成专注聆听习惯。
（3）培养良好的团队协作意识。
（4）提升谦虚、谨慎、不骄不躁的职业素质。

任务一　客户服务基本礼仪训练

案例导入

纸团与订单

小张是某公司的员工，某天正好去财务部窗口领工资。在等候的时候，他随手把手中捏着的一张无法报销的票据揉成团扔在了地上。

其他部门的同事看见了，心里说："那个部门的人素质真差！"恰巧此时有位顾客来财务部交定金，他看到小张把纸团扔在地上，心里想："这个公司的员工如此行事，他们做的东西质量会好吗？售后服务会有保障吗？还是先别交定金了吧，回去再斟酌斟酌！"

生产部经理陪着几位外商参观公司，正好路过这里，地上的纸团没有逃过大家的眼睛，结果外商指着纸团问经理："这样的员工，能做出符合质量要求的产品吗？"

本来不费吹灰之力便能扔到垃圾桶里的一小团废纸，导致公司失去了数百万元的订单。

记住：在商务场合当中，你的行为举止不仅仅代表着你本人，还代表着你为之工作的部门、你的部门所属的公司、你的公司所属的集团，甚至代表着你的集团所属的地区以及我们的国家。细节展示素质，细节决定成败。

一、认知礼仪

基本礼仪训练

中国自古被称为"礼仪之邦"，有"礼"走遍天下，无"礼"寸步难行。礼是表示敬意的统称，是表示尊敬的言语或动作。很多时候，职场中的成功或失利并不取决于能力和专业，而在于礼仪与应对。

1. 礼仪的定义

礼仪是指人们在社会交往活动中应共同遵守的行为规范和准则。其主要表现包括：礼貌——社会居民为了维持正常的生活秩序而共同遵循的最起码道德；礼节——社交中迎来送往表示致意、问候、祝颂等的惯用形式；仪式——一定场合举行的具有专门程序、规范化的活动；仪表——人们的容貌、服饰、姿态、风度、举止等。

服务礼仪是指服务行业的从业人员应具备的基本素质和应遵守的行为规范，即在服务中对服务对象表示尊重的规范化形式。

时代链接

习近平总书记指出："礼仪是宣示价值观、教化人民的有效方式，要有计划地建立和规范一些礼仪制度，如升国旗仪式、成人仪式、入党入团入队仪式等，利用重大纪念日、民族传统节日等契机，组织开展形式多样的纪念庆典活动，传播主流价值，增强人们的认同感和归属感。"礼仪关乎人格，关乎国格。中华民族自古就以礼仪之邦著称于世，注重树立礼仪之邦的良好形象。我们党历来高度重视对国家重要礼仪的教育与宣传，特别是注重通过礼仪制度褒奖先进，彰显礼仪文化的时代价值。

党的十八大以来，以习近平同志为核心的党中央积极开展形式多样的纪念庆典活动，不断建立和规范礼仪制度。比如，在2019年的中华人民共和国国家勋章和国家荣誉称号颁授中，前所未有的规格、格外隆重的仪式，既是崇高礼赞又是庄严宣示，号召人们敬仰英雄、学习英雄，用实际行动为实现"两个一百年"奋斗目标和实现中华民族伟大复兴的中国梦贡献力量。实践证明，建立和规范礼仪制度，对于规范人们的言行举止、激发人们干事创业的精气神具有重要意义。新时代，我们要传承发展中华优秀传统礼仪文化，建立和规范礼仪制度，不断增强人们的认同感和归属感。

——摘自 2020 年 6 月 9 日出版的《人民日报》，作者：郝琴、卫建国

2. 礼仪的重要性

在日常生活和工作中，礼仪能够调节人际关系，从一定意义上说，礼仪是人际关系和谐发展的调节器。人们在交往时按礼仪规范去做，有助于加强人们之间的互相尊重，建立友好合作的关系，缓和并避免不必要的矛盾和冲突。一般来说，人们受到尊重、礼遇、赞同和帮助就会产生吸引心理，进而形成友谊关系；反之会产生敌对、抵触、反感，甚至憎恶的心理。

礼仪具有很强的凝聚情感的作用。在现代生活中，人们的相互关系错综复杂，在平静中会突然发生冲突，甚至采取极端行为。礼仪有利于促使冲突各方保持冷静，缓解已经激化的矛盾。如果人们都能够自觉主动地遵守礼仪规范，按照礼仪规范约束自己，就容易使感情得以沟通，建立起相互尊重、彼此信任、友好合作的关系，进而有利于各种事业的发展。

客户服务人员是否懂得和运用现代商务活动中的基本礼仪，不仅反映出该员工自身的素质，而且折射出该员工所在公司的企业文化水平和经营管理境界。

"不学礼，无以立"已成为人们的共识。

二、仪容仪表礼仪

仪容指一个人的外观容貌，包括发饰、面容和未被服饰遮掩、暴露在外的肌肤。仪表指一个人的外表，它是一个人总体形象的统称，除容貌、发型之外，还包括一个人的服饰、身材、姿态等方面。仪容仪表是树立良好公众形象的基础和前提，注重仪容仪表是服务人员尊重客户的需要，良好的仪容仪表可以尽快缩短服务人员与客户之间的心理距离，还是增强服务人员自信心的有效手段。

对服务人员个人仪容的首要要求就是要仪表美，它的具体含义主要有三层：仪容自然美、仪容修饰美、仪表内在美。仪容仪表之美是其自然美、修饰美和内在美的完整结合，忽视了其中的任何一个方面，都不能构成真正的仪表美。在这三者之中，内在美是仪表美的最高境界，仪容的自然美是人们与生俱来的美好心愿，而仪容的修饰美则是后天学习和熏陶而成的对美的理解和对美的认识的具体表现，也是现代生活和工作中人们关注的重点和仪容美不可或缺的重要内容，因此，三者也不可互相替代。

以下从个人卫生礼仪、美容美发礼仪、服饰礼仪等方面阐述仪容仪表礼仪。

头发：洁净、整齐，无头屑，不做奇异发型。男性不留长发，女性不宜使用华丽头饰。

　　眼睛：无眼屎，无睡意，不斜视。眼镜端正，洁净明亮，不戴墨镜或有色眼镜。女性不宜画过浓眼影。

　　耳朵：男女均不宜戴耳环。

　　胡子：刮干净或修整齐，不留长胡子、八字胡或其他怪状胡子。

　　嘴：会客时不嚼口香糖等食物。女性不宜用深色或艳丽口红。

　　手：干净、指甲整齐、无污垢，不留长指甲。不涂指甲油，不戴结婚戒指以外的戒指。

　　衬衣：领口与袖口保持洁净。扣上风纪扣，不要挽袖子。质地、款式、颜色与其他服饰相匹配，并符合自己的年龄、身份和公司的个性。

　　领带：端正整洁，不歪不皱。质地、款式、颜色与其他服饰匹配，符合自己的年龄、身份和公司的个性。不宜过分华丽和耀眼。

　　西装：整洁笔挺，背部无头发和头屑。不打皱，不过分华丽。与衬衣、领带和西裤匹配。与人谈话或打招呼时，将第一个纽扣扣上。上口袋不要插笔，所有口袋不要因放置钱包、名片、香烟、打火机等物品而鼓起来。

　　胸饰与女性服装：胸卡、徽章佩戴端正，不要佩戴与工作无关的胸饰。胸部不宜袒露。服装整洁无皱。穿职业化服装，不穿时装、艳装、晚装、休闲装、透明装、无袖装和超短裙。

　　皮带：松紧适度，不要选用怪异的皮带头。

　　鞋袜：鞋袜搭配得当。系好鞋带。鞋面洁净亮泽，无尘土和污物，不宜钉铁掌，鞋跟不宜过高、过厚和怪异。袜子干净无异味，不露出腿毛。女性穿肉色短袜或长筒袜，袜子不要褪落和脱丝。

 微言微语

> 礼者，人道之极也。
>
> ——摘自《荀子·礼论》

 阅读材料 2-1

周恩来总理出访

　　1960 年，周恩来总理出访。在越南访问时，传来柬埔寨国王去世的消息，柬埔寨也是周总理出访的国家之一，他一得到消息，立即命人发电致哀。到了印度，周恩来总理又派人给代表团成员每人买了一套白色西服，以备去柬埔寨时穿。当到达柬埔寨时，以周恩来总理为首的代表团身着清一色的白色西装，友好而肃穆地走下飞机，西哈努克亲王看见中国代表团如此着装，不禁大受感动。

　　这虽是周恩来总理第一次访问柬埔寨，却与西哈努克亲王立刻建立起很深的私人友谊。这个事例有力地说明了人们的服饰在社会交往乃至外事活动中的重要作用。

三、仪态礼仪

仪态是人的身体姿态，又称为体姿，包括人的站姿、坐姿、行姿、表情以及身体展示的各种动作。

1. 站姿

男性的基本站姿分垂手站姿和交手站姿。垂手站姿要求身体挺拢，抬头沉肩；挺胸收腹，双腿并拢；微收下颌，双目平视。交手站姿要求双脚平行打开，双手握于小腹前（图2-1、图2-2）。

女性站姿要求双脚靠拢，膝盖打直，双手握于腹前（图2-3）。

图2-1 男性垂手站姿　　　图2-2 男性交手站姿　　　图2-3 女性垂手站姿

课堂演练 2-1

站姿演练

1. 全班分男、女进行站姿训练。
2. 教师现场指导、纠正、评分。

2. 坐姿

男性基本坐姿：上体挺直、胸部挺起，两肩放松、脖子挺直，下颌微收，双目平视，两脚分开、不超肩宽、两脚平行，两手分别放在双膝上（图2-4）。如坐在深而软的沙发上，应坐在沙发前端，不要仰靠沙发。忌讳：二郎腿、脱鞋、把脚放到自己的桌椅上或架到别人桌椅上。

女性基本坐姿：可以两腿并拢，两脚同时向左放或向右放，两手相叠后放在左腿或右腿上。也可以两腿并拢，两脚交叉，置于一侧，脚尖朝向地面（图2-5）。

图 2-4　男性坐姿　　　　　　　　　　　图 2-5　女性坐姿

课堂演练 2-2

站姿演练

1. 全班分男、女进行坐姿训练。
2. 教师现场指导、纠正、评分。

3. 行姿

规范的行姿：行走时双肩平稳，目光平视，下颌微收，面带微笑。手臂伸直放松，前后自然摆动。行步速度一般是男士 108~110 步/每分钟，女士 118~120 步/分钟。

四、行为礼仪

个人举止的各种禁忌：在众人之中，避免从身体内发出各种异常的声音；公共场合不得用手抓挠身体的任何部位；公开露面前，须把衣裤整理好；参加正式活动前，不宜吃带有强烈刺激性气味的食物，以免口腔产生异味，引起交往对象的不悦甚至反感；在公共场所里，忌高声谈笑、大呼小叫。

与客户见面时应主动问候。交谈时，两眼视线落在对方的鼻间，偶尔也可以注视对方的双眼。恳请对方时，注视对方的双眼。为表示尊重和重视，切忌斜视或光顾他人他物，避免让顾客感到你的心不在焉。

握手时双目应注视对方，男士与男士握手时应握整个手掌，男士与女士握手时，一般只宜轻轻握女士手指部位。男士握手时应脱帽，切忌戴手套握手。

交换名片时双手食指和拇指执名片的两角，以文字正向对方，一边自我介绍，一边递过名片。双手接拿他人名片时，认真过目，然后放入自己名片夹的上端。

引导客户时手势为五指并拢，手心向上与胸齐，以肘为轴向外转；引领时，身体稍侧向客人；走在客人左前方 2~3 步位置，并与客人的步伐一致；拐弯、走楼梯使用手势，并提醒"这边请""注意楼梯"。

 阅读材料 2-2

冬奥会礼仪志愿者展"中国之美"

北京 2022 年冬奥会的颁奖场上，身着瑞雪祥云、鸿运山水、唐花飞雪三套颁奖服饰的礼仪志愿者们，在一颦一笑、一步一动中将"中国之美"展现得淋漓尽致。

"北京 2022 年冬奥会能让全世界看到中国人的精神面貌，看到东方的优雅。"北京冬奥会颁奖礼仪的指导老师刘雯 10 日接受中新社记者专访时说，礼仪志愿者们端庄、美丽、大方地走向奖台，展示出东方之美。

刘雯是中国知名的礼仪培训专家。2021 年，刘雯受邀成为北京冬奥会颁奖礼仪的指导老师，前往北京参加颁奖礼仪志愿者候选人集中训练。

礼仪志愿者们能向获奖运动员传递什么？在刘雯看来，运动员在赛场上不仅展示了他们自己的高光时刻，背后更是代表了国家，为国争荣誉，为梦想而战。"作为本届冬奥会的'主人'，我们要通过礼仪志愿者们的规范与优雅，传递出对运动员们最高的敬意。"

刘雯告诉记者，在国际奥委会要求的标准之上，她和培训团队的全体成员一起积极探索创新。"在培训中，除惯有的体态训练、标准技术动作、颁奖流程和国际礼仪等培训外，我们更是将中国经典著作《诗经》《论语》的内容融入培训中，由表及里提升礼仪志愿者们的行为养成。"

刘雯表示，与平昌冬奥会礼仪志愿者们手部向下放的动作不同，北京冬奥会颁奖礼仪人员双手为交叉放在腹部前方。"这个站姿就是很典型的中国手位。"

颁奖环节，如何能够让盛放奖牌的托盘在礼仪志愿者手上显得大气？"在培训中，我们要求礼仪志愿者的两肘不能靠近身体，留出三拳的距离。"刘雯说，"这样的手位不仅看起来工整、端庄，更是有真诚祝贺运动员获奖的大气。"（图 2-6）

图 2-6　颁奖仪式培训现场

由于疫情的影响，礼仪志愿者们在执行任务时需佩戴口罩，这也就意味着礼仪志愿者的眼部以下至嘴部的位置会被遮挡住，如何让运动员和观众感受到礼仪志愿者的笑容？刘雯说，这个环节要求礼仪志愿者在口罩中也需要保持笑容，通过眼神传达高兴和祝贺的情绪。

对着镜子练习笑容，成了礼仪志愿者们每天的"必修课"，甚至要让笑容贯穿训练的始终。刘雯告诉记者，当礼仪志愿者面对培训老师、现场工作人员，再者是陌生人，她们都会主动问好，点头示意。"把训练延伸至生活细节中。"

"将功力藏在细节里，从细节中展现民族自信。"刘雯认为，所有的辛苦、汗水汇聚出来的是礼仪之邦应有的态度，一切都值得。

——摘自中国新闻网 2022-02-11 版，作者：袁超

课堂演练 2-3

我为家乡礼仪风俗代言

礼仪风俗作为中国传统文化的重要组成部分，影响广泛深远。我们的家乡礼仪风俗各具特色，代代相传，成为中华民族文化瑰宝的一部分。

1. 全班可按来自的生源地分为东部、西部、南部、北部、中部五个区域小组。

2. 各小组讨论交流，选出本区域最具特色的地方性礼仪风俗，并进行角色扮演，展示家乡礼仪在社交场合和日常生活中的使用。

3. 教师点评总结，强调礼仪的重要性。

任务二　电话接听

案例导入

错误的电话接听方式

新加坡利达公司销售部文员刘小姐要结婚了，为了不影响公司的工作，在征得上司的同意后，她请自己最好的朋友陈小姐暂时代理她的工作，时间为一个月。

陈小姐大专刚毕业，比较单纯，刘小姐把工作交代给她，并鼓励她努力干，准备在蜜月回来后推荐陈小姐顶替自己。某一天，上司外出了，陈小姐正在公司打字，电话铃响了，陈小姐与来电者的对话如下：

来电者："是利达公司吗？"

陈小姐："是。"

来电者："你们经理在吗？"

陈小姐："不在。"

来电者："你们是生产塑胶手套的吗？"

陈小姐："是。"

来电者："你们的塑胶手套多少钱一打？"

陈小姐："1.8 美元。"

来电者："1.6 美元一打行不行？"

陈小姐："不行的。"

说完，"啪"挂上了电话。上司回来后，陈小姐也没有把来电的事告知上司。过了一星期，上司提起他刚谈成一笔大生意，以 1.4 美元一打卖出了 100 万打。陈小姐脱口而出："啊呀，上星期有人问 1.6 美元一打，我说不行的。"上司当即脸色一变说："你被解雇了！"，陈小姐哭丧着脸说："为什么？"

讨论：陈小姐在电话接听方面犯了哪些错误？

一、电话接听的基本技巧

电话服务是许多企业开展客户服务的一种重要形式，电话使人们的联系更为方便快捷，一个人接听拨打电话的沟通技巧是否高明，常常会影响其是否能顺利达成沟通的目标。使用电话的语言很关键，它直接影响着一个公司的声誉。人们通过电话也能粗略判断对方的人品、性格。

1. 左手持听筒，右手拿笔

大多数人习惯用右手拿起电话听筒，但是，在与客户进行电话沟通的过程中往往需要做必要的文字记录。在写字的时候一般会将话筒夹在肩膀上面，这样，电话很容易因夹不住而掉下来发出刺耳的声音，从而给客户带来不适。

电话接听

为了消除这种不良现象，应提倡用左手拿听筒，右手写字或操纵电脑，这样就可以轻松自如地达到与客户沟通的目的。

2. 电话铃声响过两声后接听电话

接听电话可遵循"铃声不过三"原则，在电话铃声响起后，如果立即拿起，会让对方觉得唐突；但若在响铃超过三声以后再接听，则是缺乏效率的表现，势必会给来电者留下公司管理不善的第一印象，同时也会让对方不耐烦，变得焦急。如果因为客观原因，如电话机不在身边，或一时走不开，不能及时接听，就应该在拿起话筒后先向对方表示自己的歉意并做出适当的解释，如"很抱歉，让你久等了"等。

3. 报出公司或部门名称

在工作场合接听电话时，首先应问候，然后自报家门。对外接待应报出单位名称，若接内线电话应报出部门名称。比如："您好，××公司""您好，销售部办公室，我是××。"

自报家门是让对方知道有没有打错电话，万一打错电话就可以少费口舌。规范的电话体现的不仅是对对方的尊重，而且也反映出本单位的高效率和严管理。

4. 确定来电者身份姓氏

电话是沟通的命脉，很多规模较大的公司的电话都是通过前台转接到内线的，如果接听者没有问清楚来电者的身份，在转接过程中遇到问询时就难以回答清楚，从而浪费了宝贵的工作时间。在确定来电者身份的过程中，尤其要注意给予对方亲切随和的问候，避免对方变得不耐烦。

5. 听清楚来电目的

上班时间打来的电话几乎都与工作有关，公司的每个电话都十分重要，不可敷衍，即使对方要找的人不在，切忌只说"不在"就把电话挂了，要尽可能问清事由，避免误事。首先应了解对方来电的目的，如自己无法处理，也应认真记录下来，委婉地探求对方的来电目的，这样就可不误事而且赢得对方的好感。

记录时随时牢记 5W1H 技巧，所谓 5W1H 是指：① When 何时。② Who 何人。③Where何地。④What 何事。⑤Why 为什么。⑥How 如何进行。在工作中这些资料都是十分重要的，对打电话、接电话具有相同的重要性。电话记录要做到既简洁又完备，有赖于5W1H 技巧。

6. 注意声音和表情

带着微笑接起电话，能让对方在电话中感受到你的热情。注意声音的五要素——语速：要学会配合客户语速谈话。语速太快，客户听不清楚；太慢，给人一种不自信的感觉，也容易让对方感到自己不受重视。音量：音量过高，给人缺少涵养的感觉；音量过低，给人感觉不自信。语气：平和中有激情，耐心中有爱心，杜绝不耐烦的语气。语调：一句话里语音高低轻重的配置。语调要自然，尽量做到有高、中、低之分，富于变化，不要机械化像录音机。节奏：恰到好处的停顿。说话时掌握了节奏感，就可以控制谈话的进度，让客户有机会充分表达自己的意思。有经验的客户服务代表，可以根据客户的节奏决定自己的节奏，让交谈非常默契。

7. 保持正确姿势

接听电话过程中应该始终保持正确的姿势。打电话过程中绝对不能吸烟、喝茶、吃零食，即使是懒散的姿势对方也能够"听"得出来。如果你打电话的时候，弯着腰躺在椅子上，对方听你的声音就是懒散的、无精打采的；若坐姿端正，所发出的声音也会亲切悦耳，充满活力。因此接听电话时，即使看不见对方，也要当作对方就在眼前，尽可能注意自己的姿势。

8. 复诵来电要点

电话接听完毕之前，不要忘记复诵一遍来电的要点，防止因记录错误或者偏差而带来的误会，从而使整个工作的效率更高。例如，应该对会面时间、地点、联系电话、区域号码等各方面的信息进行核查校对，尽可能地避免错误。

9. 最后道谢

结束通话之前先说："还有什么可以帮助您的吗？"如客户表示没有后，可以说："谢谢您的来电，祝您生活愉快！"

10. 让客户先收线

当对方向你说"再见"时，别忘了你也应该说"再见"，并等对方挂了以后再挂电话，最好不要一听到对方说"再见"就马上挂电话，尤其不能在对方一讲完，还没来得及说"再见"就把电话挂了。注意挂电话时应小心轻放，别让对方听到很响的搁机声。

二、增加好印象的电话礼节

接打电话时注意以下细节可以给对方留下好的印象。

1. 简单明了、语意清楚

通话过程中要注意做到简单明了，尽量将语意表达清楚。说话时含含糊糊、口齿不清，很容易让通话对象感到不耐烦。尤其需要注意的是，不要在通话的同时，嘴里含着食物或其他东西。

2. 勿因人而改变通话语气

不要因为对方身份的改变而改变通话语气，应该自始至终使用亲切平和的声音平等地对待客人。如果客人听到声音发生明显改变，心里很容易产生反感，从而认为打电话的人非常势利、没有教养。

3. 说话速度恰当、抑扬顿挫、流畅

说话时保持愉快的声音，并且语速不要太快。不要在背景嘈杂的环境中与客户沟通，客服代表说话的声音高低要适当，不要太大或太小。对不同的客户来电，客服代表应该用不同的语音语速来匹配。

4. 最多让来电者稍候 7 秒钟

根据欧美行为学家的统计，人的耐性是 7 秒钟，7 秒钟之后就很容易产生浮躁。因此，最多只能让来电者稍候 7 秒钟，否则对方很容易产生收线、以后再打的想法。如果让来电者等待，则需要说："对不起，让您久等了。"

5. 在客户说话时客服代表要不时地给予回应以示礼貌和传达信息

不要很长一段时间没有回应，这样客户以为电话出了问题或已经挂断。可以不时发出"好的""请继续说""明白了"等给予回应。

6. 不要大声回答问题

通话过程中不要大声回答问题，不然将会造成双方的疲劳。如果当时所处的空间声音嘈杂，则应该向客户致歉，并征求客户的意见，重新更换通话地点，或者留下电话号码稍后再拨。

7. 修正习惯性口头禅

很多人在说话过程中都习惯性地带有口头禅，在通话过程中应该努力加以修正和克服。因为口头禅听多了容易让人产生疲劳而导致精神不集中，这对交流的顺利进行非常不利。

8. 断线应马上重拨并致歉

如果在通话过程中突然发生意外情况而导致通话中断，那么就应该按照对方的电话号码迅速重新拨打过去，不要让客户以为是你故意挂断了电话。电话重新接通之后，应该立即向客户致歉，并说明断线的原因，从而赢得客户的理解。

9. 勿对拨错电话者咆哮

如果对方不小心拨错了电话，那么记住不要对拨错电话的人大呼小叫，而应该礼貌地告知对方电话拨错了。因为电话接通后已经报上了公司名称，如果此时对人不礼貌的话，等于破坏了公司的形象。

10. 勿同时接听两个电话

在接听公司电话的同时，常常会遇到手机铃响的情况，如果同时拿起两个电话讲话，很容易造成声音互相交错，结果两边都无法听清楚。因此，遇到这种情况时应该选择先接听比较重要的电话，尤其注意在办公室场合要做到"以公为主，以私为辅"。

11. 请求客户重复时一定要使用礼貌用语

谈话过程中要保持冷静，遇到没有听清楚或客户没有表达明白时，忌说："啊！什么？""你说什么？"。应该使用礼貌用语："请您再说一遍，好吗？""对不起我没听清，麻烦您再说一次。"

12. 让客户等待时和再次回来服务时一定要使用礼貌用语并向客户说明原因

首先告诉客户"为什么"要等待，其次要使用"询问"语句征得客户的同意，再次要给客户一个等待时限。如："××先生/小姐，就您所提的这个问题我要查询相关具体资料，请您稍等 1 分钟，好吗？"

课堂演练 2-4

电话接听情景模拟

情景：你是王总的秘书，一天下午一位重要客户来电话找王总，但你将电话转接到王总办公室时无人接听。

不专业的接听如下：

秘书：您好。

客户：您好，麻烦您转一下王总。

秘书：稍等……王总的电话没人接，可能出去了，要不您下午再打一下。

客户：好吧，我下午再打一遍。

秘书：再见。

要求：分小组讨论专业的接听方式，并选出两人模拟还原通话过程。对话中重点注意应答礼仪、提问方式、复述。

阅读材料 2-3

专业的电话应答用语示例

1. 您好！这里是×××公司×××部（室），请问您找谁？

2. 我就是，请问您是哪一位？……请讲。

3. 请问有什么可以帮您？

4. 您放心，我会尽力办好这件事。

5. 不用谢，这是我们应该做的。

6. ×××不在，我可以替您转告吗？（请您稍后再来电话好吗？）

7. 对不起，这类业务请您向×××部（室）咨询，他们的号码是……。

8. 不好意思，您可能打错号码了，我是×××公司×××部（室），……没关系。

9. 我是×××公司×××部（室）×××，请问怎样称呼您？

10. 对不起，这个问题……，请留下您的联系电话，我们会尽快给您答复好吗？

 课后练习 2-1

健身房接待

一日，甲至健身房健身，预约的时间是晚上八点，因交通顺畅提早于七点三十分抵达，甲心想，既然提早到场，不如直接先进场使用，也可以早点回家。以下为甲与客户接待人员的对话：

"我是预约八点的，我要先进场。"

"不行哦！你要等到八点才可以进场。"

"为什么不行，反正我都到了，不要浪费我的时间嘛！"

"这是公司规定哦。"

……

服务人员确实按照公司的规定办事，但并没有顾及客户的心情，这样的回答当然会引起客户抱怨，于是，接下来可能就是一连串的抱怨与咒骂：

"你知道我一小时赚多少钱吗？损失你赔吗？你们公司是最大，那什么都要听你们公司的吗？我缴会费是来受气的吗？我要退钱！"

练习：如果你是接待人员，你会怎么应对？请小组配合模拟重现服务场景。

任务三　学会聆听

 **案例导入**

三个小金人

曾经有个小国到中国来，进贡了三个一模一样的金人，金碧辉煌，皇帝十分喜爱。可是这小国不厚道，同时出了一道题目：这三个金人哪个最有价值？

皇帝想了许多的办法，请来珠宝匠检查，称重量，看做工，都是一模一样的。怎么办？使者还等着回去汇报呢。泱泱大国，不会连这个小事都不懂吧？

最后，有一位退位的老大臣说他有办法。皇帝将使者请到大殿，老臣胸有成竹地拿着三根稻草，插入第一个金人的耳朵里，这稻草从另一边耳朵出来了。第二个金人的稻草从嘴巴里直接掉出来了，而第三个金人，稻草进去后掉进了肚子，什么响动也没有。老臣说：第三个金人最有价值！使者默默无语，答案正确。

这个故事告诉我们，最有价值的人，是把别人说的话放在心里的人。善于倾听，才是成熟的人最基本的素质。

一、聆听的定义

据统计，在人类的各种交往中，听占40%，说占35%，读占16%，写占9%，用于听的时间多于其他任何一项活动。

聆听是一种情感的活动，它不仅仅是指耳朵能听到相应的声音，还需要通过面部表情、肢体语言，还有语言来回应对方，传递给对方一种你很想听他说话的感觉。在聆听时应该给客户充分的尊重、情感的关注和积极的回应。

 阅读材料 2-4

"聽"字解读

聆听的"听"字的繁体中文是"聽"。聽字里有一个"耳"字，说明聆听时要用耳朵去听；聽字的下面还有一个"心"字，说明聆听时要用"心"去听；聽字里还有一个"目"字，说明聆听时应注视别人的眼睛；在"耳"的旁边还有一个"王"字，代表把说话的那个人当成是帝王来对待。

从听字的繁体结构中可以看出，聆听时不仅要用"耳朵"，还要用"心"，用"眼睛"，更重要的是要把你对面的那个人当成是帝王，充分地去尊重他。

二、听事实和听情感

客户服务人员在聆听时不但要听清楚别人在说什么，而且要给予别人积极的回应。对服务人员来说，听要注意两个方面，分别是听事实和听情感。

学会聆听

1. 听事实

听事实意味着需要能听清楚并理解对方说的话。要做到这一点，就要求服务人员必须有良好的听力和记忆力，能在较短的时间内听清并理解对方说的是什么。

 **阅读材料2-5**

少校的命令

据说1910年美军的一次命令传递的过程是这样的：

少校对值班军官说：今晚八点左右，在这个地区可能看到哈雷彗星，这种彗星七十六年才能看见一次。命令所有士兵身穿野战服在操场上集合，我将向他们解释这一罕见现象。如果下雨的话，就在礼堂集合，我为他们放一部有关彗星的影片。

值班军官对上尉说：根据少校的命令，今晚八点，七十六年出现一次的哈雷彗星将在操场上空出现。如果下雨，就让士兵身穿野战服前往礼堂，这一罕见现象将在那里出现。

上尉对中尉说：根据少校命令，今晚八点，非凡的哈雷彗星将军将身穿野战服在礼堂出现。如果操场上有雨，少校将下达另一个命令，这种命令每隔七十六年才下达一次。

中尉对上士说：今晚八点，少校会带着哈雷彗星在礼堂出现，这是每隔七十六年才有的事。如果下雨，少校将命令彗星穿上野战服到操场上去。

上士对士兵说：在今晚八点下雨的时候，著名的七十六岁的哈雷将军将在少校的陪同下，身穿野战服，开着他那辆"彗星"牌汽车，经过操场前往礼堂。

经过5次传达，少校的命令变得面目全非，资讯失真率达到90%以上。

 课堂演练2-5

聆听能力训练1：商店打烊时

教师朗读以下一段话，学生仔细聆听并回答问题：

某店主刚关上店里的灯，一男子来到店堂并索要钱款，店主打开收银机，收银机内的东西被倒了出来而那个男子逃走了，一位警察很快接到报案。

关于这段话的十二种描述如下：

1. 店主将店堂内的灯关掉后，一男子到达（　　）

2. 抢劫者是一男子（　　）

3. 来的那个男子没有索要钱款（　　）

4. 打开收银机的那个男子是店主（　　）

5. 店主倒出收银机中的东西后逃离（　　）

6. 故事中提到了收银机，但没说里面具体有多少钱（　　）

7. 抢劫者向店主索要钱款（　　）

8. 索要钱款的男子倒出收银机中的东西后，急忙离开（　　）

9. 抢劫者打开了收银机（　　）

10. 店堂灯关掉后，一个男子来了（　　）

11. 抢劫者没有把钱随身带走（　　）

12. 故事涉及三个人物：店主，一个索要钱款的男子，以及一个男警察（　　）

你认为描述完全正确的在相应题号括号中填入"T"，你认为描述完全错误的在相应题号括号中填入"F"，你认为描述有可能正确有可能错误的在相应题号括号中填入"？"。

2. 听情感

与听事实相比，更重要的是听情感。客户服务人员在听清对方说事实时，还应该考虑客户的感受是什么，需不需要给予回应。

A 对 B 说："我昨天看中一套房子，决定把它买下来。"B 说："哦，是吗？在哪儿呢？恭喜你呀。"

A 看中了房子，想买下来，这是一个事实，B 问房子在哪，是对事实的关注，"恭喜你"就是对 A 的情感关注。

A 对 B 说："我买了一件裙子，特别好看。"B 说："是吗？你的眼光肯定好，快拿来给我看看！"

A 把事实告诉 B，是因为她渴望 B 与她共同分享喜悦和欢乐，而作为 B，应对这种情感加以肯定。

 阅读材料 2-6

美国汽车推销之王乔·吉拉德：认真聆听才能成功

美国汽车推销之王乔·吉拉德曾有过一次深刻的体验。一次，某位名人来向他买车，他推荐了一种最好的车型给他。那人对车很满意，并掏出 10 000 美元现钞，眼看就要成交了，对方却突然变卦而去。

乔为此事懊恼了一下午，百思不得其解。到了晚上 11 点他忍不住打电话给那人："您好！我是乔·吉拉德，今天下午我曾经向您介绍了一部新车，眼看您就要买下，却突然走了。"

"喂，你知道现在是什么时候吗？"

"非常抱歉，我知道现在已经是晚上 11 点钟了，但是我检讨了一下午，实在想不出自己错在哪里了，因此特地打电话来向您讨教。"

"真的吗？"

"肺腑之言。"

"很好！你用心在听我说话吗？"

"非常用心。"

"可是今天下午你根本没有用心听我说话。就在签字之前，我提到犬子吉米即将进入密执安大学念医科，我还提到犬子的学科成绩、运动能力以及他将来的抱负，我以他为荣，但是你毫无反应。"

乔不记得对方曾说过这些事，因为他当时根本没有在意。乔认为已经谈妥那笔生意了，他不但无心听对方说什么，而且在听办公室里另一位推销员讲笑话。

这就是乔失败的原因：那人除了买车，更需要得到对于一个优秀儿子的称赞。

乔·吉拉德恰恰没有"站在对方立场思考与行动"，他只是想当然地以为"已经成交了"。

三、聆听的五个层次

在沟通聆听的过程中，因为每个人的聆听技巧不一样，所以看似普通的聆听却又分为五种不同层次的聆听效果。

1. 听而不闻

听而不闻，可以用忽视对方来形容，心不在焉，只沉迷在自己的世界里，对方的话如同耳边风，完全没听进去。

2. 假装聆听

假装聆听可能会用身体语言假装在听，嘴里还敷衍着，"嗯……喔……好好……哎……"，甚至以重复别人的语句当作回应，其实是心不在焉。假装聆听的人会努力做出聆听的样子，身体大幅度地前倾，甚至用手托着下巴，实际上是没有听。

3. 选择性的聆听

选择性的聆听，就是只听一部分内容，但会过分沉迷于自己所喜欢的话题，只留心倾听自己有兴趣的部分，与自己意思相左的一概过滤掉。

4. 专注的聆听

能够全心全意地凝神倾听，可惜始终从自己的角度出发，即使每句话或许都进入大脑，但是否都能听出说者的本意、真意，仍值得怀疑。

5. 同理心聆听

同理心聆听是聆听的最高层次，不仅是听，而且努力在理解讲话者所说的内容，站在对方的立场上去听，思考对方为什么这样说，要达到什么样的目的，对方的感受是什么，如果换了我会怎样等。这才是真正的、设身处地的聆听。

 微言微语

> 善言，能赢得听众；善听，才赢得朋友。

四、提升聆听能力的技巧

客户服务人员掌握并合理运用以下技巧，可以有效提升聆听能力。

1. 不随意打断客户谈话

随意打断客户谈话会打击客户说话的热情和积极性，如果客户当时的情绪不佳，而你又打断了他们的谈话，那无疑是火上浇油。所以，当客户的谈话热情高涨时，服务人员可以给予必要的、简单的回应，如"噢""对""是吗""好的"等。在你表达自己的意见和态度之前，先听完说话者的想法。在别人说话时不要试图去猜测别人的意思，等到他讲完，你自然就一切都明白了。

 **阅读材料 2-7**

不要打断客户的话

一个顾客急匆匆地来到某商场的收银处。

顾客说："小姐，刚才你算错了 50 元……"

收银员满脸不高兴："你刚才为什么不点清楚，银货两清，概不负责。"

顾客说："那谢谢你多给的 50 元了。"

顾客扬长而去，收银员目瞪口呆。

所以，千万不要打断客户的话！

2. 听出对方的谈话重点

客户服务人员在与客户交流时，一定要学会捕捉对方的说话重点和言外之意。比如客户说"我担心售后服务"，关键词是担心。有经验的客户服务人员并不会直接承诺我们的售后服务没有问题，而会问"是什么让您产生这种担心呢？"

能清楚地听出对方的谈话重点，也是一种能力。因为并不是所有人都能清楚地表达自己的想法，特别是在不满、受情绪影响的时候，经常会有类似于"语无伦次"的情况出现。而且，除了排除外界的干扰，专心致志地聆听以外，你还要排除对方的说话方式给你的干扰，不要只把注意力放在说话人的咬舌、口吃、地方口音、语法错误或"嗯""啊"等习惯用语上面。

 **阅读材料 2-8**

纪晓岚与和珅斗智

乾隆七十大寿时，纪晓岚是吏部侍郎，和珅是礼部尚书。两人在迎接皇帝时，和珅看见一条狗，故意问纪晓岚"这个东西是狼？是狗？"纪晓岚随口说道："是狗"，和珅忙问："你怎么知道它是狗呢？"纪晓岚说："尾巴不同，下竖是狼，上竖（尚书）是狗。"

3. 有效重复

有效重复就是用你自己的话把说话者要表达的信息重新再叙述一遍。有些人在倾听时会这样说："你的意思是不是……？"或者"我觉得你说的是……"。这样说的原因有二：一是因为有效重复是检查你是否认真倾听的最佳手段。如果你的思想并没有注意倾听或者在思考别的内容，你一定不可能准确地叙述完整的内容。二是这也是一种精确的控制机制。复述说话者的信息，并将此信息反馈给说话者，也可以检验自己理解的准确性。

4. 避免虚假的反应

在对方没有表达完自己的意见和观点之前，不要做出比如"好！我知道了""我明白了""我清楚了"等反应。这样空洞的答复只会阻止你去认真聆听客户的讲话或阻止客户的进一步解释。

在客户看来，这种反应等于在说"行了，别再啰唆了"。如果你恰好在他要表达关键意思前打断了他，被惹恼了的客户可能会大声反抗"你知道什么"，那就很不愉快了。

5. 适时地表达自己的意见

谈话必须有来有往，所以要在不打断对方谈话的原则下，适时地表达自己的意见，这是正确的谈话方式。在倾听过程中要适时地提出一些切中要点的问题或发表一些意见和看法，来响应对方的谈话。此外，如果有听漏或不懂的地方，要在对方的谈话暂告一段落时，简短地提出自己的疑问之处。

6. 给予对方真诚的赞美

对于对方说出的精辟见解、有意义的陈述，或有价值的信息，要及时予以真诚的赞美。例如，"你说得很有道理""你这个想法真好""你的意见真好"等，这种良好的回应可以有效地激发对方的谈话兴致。

课堂演练 2-6

聆听能力训练 2

教师收集若干名家短篇朗诵音频，在课堂上进行播放，要求学生无纸记忆并复诵，考查学生的聆听和记忆能力。

例：故乡的歌，是一支清远的笛，总在有月亮的晚上，响起。故乡的面貌，却是一种模糊的怅惘，仿佛雾里的，挥手别离。离别后，乡愁是一棵没有年轮的树，永不老去。

——《乡愁》，朗诵者：乔榛

课堂演练 2-7

聆听能力训练 3

教师从报纸或文摘上选取一篇 200~300 字的故事，注意最好是有简单情节的故事，而不是评论性文章。快速念完后，然后问 5~7 个问题，都是一些关于故事的时间、地点、名字和简单情节的问题，考查学生的聆听能力。

课堂演练 2-8

聆听能力训练 4：听记接力比赛

准备若干张纸条，上有 5~8 个成语。5 人一组，将纸条给第 1 位同学，看 1 分钟后收回。然后以说悄悄话的方式将其记住的成语告诉后一位同学，依次往后传，最后一位同学听到后立即到黑板前，把听到的内容写下来。比一比：哪组的同学听后转述的话最准确、最快。

课堂演练 2-9

聆听能力训练 5：混声朗诵辨析

请两位同学各念一小段文章，同时开始，同时结束，要求同学们选听其中的一个，听完后复述，看是否会将两个故事搞混。要求大家学会"有选择有分配地听"。

课堂演练 2-10

课堂小游戏

聆听能力训练 6：猜词语游戏

教师准备若干组短语或成语，每小组选派两名学生，两两搭档组合参加游戏。

规则：大屏幕显示词语，一人通过比划或口头语言表达给猜词者，提供暗示信息（语言暗示不得出现所猜的字），一人背对屏幕猜词，在规定时间内猜对数量多者胜出。

任务四 提问训练

案例导入

画图形

教师准备两幅如下图所示的复杂几何图形，邀请一名同学上台，描述图形形状，下面的同学根据其描述画出此图形。

第一次：只能听不能提问

第二次：可以边听边提问

比较两次画出图形的准确度。

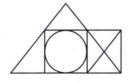

一、提问的好处

提问是一个非常重要的服务技巧，可以帮助你发现和收集顾客需求的信息，使你更好、更有效地为顾客服务。好的问题才能有好的答案。一个不恰当的问题可能会让顾客马上就离开。一个服务人员的服务技能怎么样，服务经验是否丰富，关键看其提问题的质量。

提问训练

提问有如下几点好处：

（1）通过恰当的提问，客户服务人员可以从客户那里了解到更充分的信息，从而对客户的实际需求进行更准确的把握。

（2）当客户服务人员针对客户需求提出问题时，客户会感到自己是对方注意的中心，他（她）会在感到受关注、被尊重的同时更积极地参与到谈话中来。

（3）通过有技巧的提问可以使客户服务人员更好地控制谈话节奏和进度，把握沟通的总体方向。

（4）有利于减少与客户之间的误会。当你对客户要表达的意思或者某种行为意图不甚理解时，最好不要自作聪明地进行猜测和假设，而应该根据实际情况进行提问，先弄清客户的真正意图，然后再根据具体情况采取合适的方式进行处理。

 微言微语

> 君子之学必好问。问与学，相辅而行者也。非学无以致疑，非问无以广识。
>
> ——刘开（清代）

二、提问的方式

在服务过程中，可以根据情况提出四类不同的问题。

1. 问候性问题

在服务的时候，打破僵局、增进相互了解的问候性问题是很有必要的。比如："听您口音，是上海人吧？""今天听说气温下降了，外面很冷吧？"均属于问候性问题。

2. 封闭式问题

封闭式问题是指对方可以用"是"或"不是"、"有"或"没有"、"对"或"不对"等一两个字简短来回答的问题，或可以在几个选项中进行选择的问题。

如："你是觉得收到的衣服有少许色差，是吗？""你是要退款吗？"，这类问题通常不引导来访者提供更多的信息，不扩大话题，而是就征询的问题进行查证。它的作用是获得特定的信息，澄清事实，缩小讨论范围，或使会谈集中于某个特定的问题。当来访者的叙述偏离了正题时，可以用它适时中止，引回正题，如："我们还是接着讨论刚才的问题，好吗？"

封闭式问题可以让对方提供一些关于他们自己的信息，供你做进一步的了解，也能够让他们表明自己的态度。尽管问题有着明确的作用，但是如果单纯地使用，会导致谈话枯燥，产生令人尴尬的沉默；而如果不停地提问，对方就会觉得自己像在接受法庭上的审问。

3. 开放式问题

开放式问题是指对方不能直接用"是"或"不是"来回答的问题。开放式问题是用来引导客户讲述事实的。比方说医生问病人："你什么地方不舒服?"，比方说："您能说说当时的具体情况吗? 您能回忆一下当时的具体情况吗?"。这样一句话问出来，客户就滔滔不绝了，这就是开放式问题。

要想让谈话继续下去，并且有一定的深度和趣味，就要多提开放式问题。开放式问题就像问答题一样，不是一两个词就可以回答的。这种问题需要解释和说明，同时向对方表示你对他们说的话很感兴趣，还想了解更多的内容。例如："你为什么喜欢这个型号呢?""能告诉我使用这个产品你碰到的具体问题是什么吗?"。

开放式问题被认为是最有用的倾听技巧之一，是较适合的一种提问方式。它常常以"为什么""怎样""什么"等形式发问，用来搜集资料，推动交谈进行。一般来说，用"什么"发问，往往会引用一些事实资料；用"怎样"发问，则往往涉及一件事的过程、次序或情绪性的内容；用"为什么"发问，则会引出一些理由、原因及合理的解释；用"能不能""愿不愿"发问则会引致来访者作自我剖析。开放式问题鼓励客户自由地谈话。在你提出开放式问题时，客户会感到放松，因为他们知道你希望他们参与进来，充分表达自己的想法。

开放式问题的缺点是不能控制时间，可能引发较长时间对话，影响客户服务效率。

4. 服务性问题

服务性问题是客户服务中非常专业的一种提问。这个提问一般是在客户服务过程即将结束时使用的，如"您看还有什么需要我为您做的吗?""您对我们的服务满意吗?"，表明一种专业的服务态度。

课堂演练 2-11

提问比赛

1分钟之内，每组派出两人，交替提出一个开放式问题和一个封闭式问题，每个问题计1分。得分多者小组为胜。

阅读材料 2-9

星星公司客户服务

座席：这里是星星公司客户服务中心，请问您有什么问题?

客户：我的网上密码忘记了（或被盗了），找了很多次都没成功。

座席：这位先生，请问您贵姓?

在开始语中，注意不要急于询问客户的问题及提供解决方案，应问清客户的姓氏，在以后的谈话中注意使用，以体现对客户的尊重。

客户：我姓张。

座席：张先生，请问您找回密码是通过向我们网站提交密码提问进行的吗？

通过封闭性问题，逐步锁定客户问题产生的根源点。

注意：使用封闭性问题避免连续多次使用，一般连续不超过3次。问题的询问要目的明确，适时引导客户，避免漫无目的；避免在客户激动的时候询问不恰当的问题，激化矛盾。

客户：是的。我是一年前注册的，现在谁还能记住密码提示问题啊。

座席：密码找回是通过密码提示问题找回的。

重申问题的解决方案。注意：语气要委婉。

客户：你的意思就是我找不回密码了。

（注：可判断为一难缠客户。）

座席：张先生，我很理解您此时的心情，如果我遇到您这种情况，我也会像您一样着急。我们这么做的目的也是保护客户的利益。

与客户情绪同步，理解他目前所遇到的困境，注意说话的语气，要真诚、充满感情。注意：一定要很好地把握说话时的语气和态度，要从内心由衷地发出。

在很多客户服务中心，座席人员经常会说，我也对客户表达了歉意与理解，可是没有效果。体会一下，使用不同的语气表达同样的内容感染力的区别。

客户：保护我的利益就要帮我找回呀！我都使用一年多了，好不容易才修炼到现在这样的级别。我就这样认了吗？

座席：张先生，和您的谈话中，可以看出您一定是×××方面的高手。在网上经常发生密码被偷、信息被盗的现象，就像现实生活中小偷偷走了我们的钱包一样，要找回一定需要相应的线索。而密码找回也是通过提供密码提示问题这一线索找回的，希望您能理解。

运用赞美和移情平息客户。

注意：语言交流中要保持一定的幽默与风趣。对待客户就像对待你的朋友，和客户建立良好的关系，最后让客户理解您的难处。

座席：（保持沉默20秒）

适时沉默，倾听客户的声音，其作用相当于一封闭性的问题。

客户：那好吧！（结束电话）

客户可能说：那我就没有办法了。

座席：您可以好好地再想一想，多去尝试几回。在网络提交过程中，有什么不清楚的地方，我们随时欢迎您再次拨打我们的电话。

客户：好吧！（结束电话）

客户可能会说：还有没有其他的办法？

注意：在准备结束电话时，多使用可以封闭的回答或问题，并且在回答后保持沉默适当时间，让客户回答，若客户没有反应，可以询问：还有其他问题吗？

座席：我很希望能够给您更多的帮助。目前密码的找回只能够通过密码提示问题。如果公司有其他的方案，我们会第一时间通知您，请您多多包涵。

回答的原则：避免正面的直接否定，以免造成客户的不满情绪升级。

客户：谢谢！（结束电话）

课堂演练 2-12

情景模拟

情景：小李是淘宝"思念"男装网店的客服小二，今天上班时一位 MM 发来旺旺信息，想为她男友的 24 岁生日选购一件衣服。

要求：请各小组模拟重现旺旺对话文字，注意文字的亲和力，并融入精准有效的提问，快速探寻客户需求。

任务五　复述训练

案例导入

帮忙传话

昨天，小李对小王说："我明天下午不去语文组找郭老师了，请告诉老师一声。再帮我问问，后天晚上去她家里找她谈谈论文选题的事行不行。"

如果小王今天上午在校门口碰上了郭老师的女儿珊珊，对她说这件事，他应该怎么转述？

一、复述的定义

在客户服务过程中，经常需要复述客户的陈述，这样可以让服务人员准确理解客户的问题或需求，更好、更有效地为客户服务。

复述就是把听过的内容重新叙述一遍。复述不是背诵，需要在理解的基础上进行。复述的基本要求有三点：忠实于原材料的内容；完整准确地体现原材料的中心和重点；条理清楚，反映各部分内容的内在联系。

复述训练

二、复述的分类

复述一般可分为详细复述、概要复述和创造性复述三种。详细复述需用自己的话严格遵照原来的内容重述出来；概要复述需在总体把握原始材料的基础上，概括出中心要点，简明扼要地复述出基本内容；创造性复述是在不改变原材料主题的基础上根据表达需要对原材料进行合理加工、大胆想象，使得内容更加生动、更加完整的一种表达形式。在服务过程中，应灵活应用三种不同的复述方式。

三、复述事实和复述情感

复述技巧包括两个方面：一方面是复述事实，另一方面是复述情感。

1. 复述事实

复述事实是对客户所陈述事实、观点的复述。如在餐馆点菜后，有经验的服务员都会报一次菜名，以便客户确认。复述事实可以体现服务人员的职业化素质和专业水准，更重要的是会让客户感觉到对方是在为自己服务。复述事实还有一个好处就是可以提醒客户是不是还有遗忘的内容，是不是还有其他问题需要一起解决。

2. 复述情感

复述情感就是对于客户的观点不断地给予认同，比如："您说得有道理！""我理解您的心情""我知道您很着急""您说得很对！"等，这些都叫作情感的复述。在复述的过程中，复述情感的技巧是非常重要的，使用得当时效果也非常好。

四、复述的句式

一般复述的起始句式为："你的意思是……""你刚才说……，是吗？""如果我没有听错，你刚刚说的是……" "抱歉我刚没听太清楚，你说的是……"等，可灵活运用。

课堂演练 2-13

复述训练 1

请一个同学站起来，用一分钟介绍自己的出生年月、出生地点，自己的学号、寝室号，去过的著名景点（3个以上），喜欢看的书等。请大家复述，不许用笔记。

开头句式：如果我没有听错，××刚刚说的是……

结尾句式：我复述完了，谢谢！

课堂演练 2-14

复述训练 2

教师选一段长短合适、有一定情节的文章，如小说或演讲词中叙述性强的一段，然后请朗诵较好的同学进行朗读，大家详细复述。

 课堂演练 2-15

"听、说、复述"综合训练：荒岛逃生

情境：私人飞机坠落在荒岛上，只有 6 人存活。这时逃生工具只有一个能容纳一人的橡皮气球吊篮，没有水和食物。逃生存活的概率略高于留在荒岛存活的概率。以下为 6 人身份：

1. 孕妇：怀胎八月
2. 发明家：正在研究新能源（可再生、无污染）汽车
3. 医学家：研究艾滋病的治疗方案，已取得突破性进展
4. 宇航员：即将远征火星，寻找适合人类居住的新星球
5. 生态学家：负责热带雨林抢救工作
6. 流浪汉

训练方法：针对由谁乘坐气球先行离岛的问题，各自陈诉理由。先复述前一人的理由再申述自己的理由。最后，由大家以复述别人逃生理由完整与陈述自身理由充分为标准，决定可先行离岛的人。

 课后练习 2-2

团队训练：平移

方法：

1. 3~5 名小组成员站成相对的两行，各伸出一根食指；
2. 将一根轻质塑料棍放在每个人的食指上，必须保证每人都接触到棍，并且食指不能弯曲；
3. 轻质塑料棍保持水平。

小组成员的任务是：将轻质塑料棍完全水平地往下移动至距地面 20 厘米。一旦有人的手离开轻质塑料棍或轻质塑料棍没有水平往下移动或掉落，任务失败。此项目可训练小组成员的协作能力。

 课后测试题

一、单选题

1. 以下不属于电话接听技巧的是（　　）。

A. 左手持听筒、右手拿笔

B. 电话铃声响起之后迅速接听电话

C. 确定来电者身份

D. 让客户先收线

2. A 对 B 说："我买了一件裙子，特别好看！" B 如何回应可体现聆听技巧？（　　）

A. 是吗？
B. 是吗？你穿什么都好看

C. 是吗？那我也买一件
D. 是吗？你的眼光肯定很好，快穿给我看看

二、多选题

1. 商务场合，交换名片的正确姿势是（　　）。

A. 双手食指和拇指执名片的两角

B. 以文字正向对方，同时做自我介绍，并递名片

C. 双手接他人名片，认真过目

D. 将别人名片放入自己名片夹

2. 以下属于封闭式提问的语句有（　　）。

A. 听说今天气温下降了，外面情况怎么样？

B. 你是要退款吗？

C. 我们还是接着讨论刚才的问题，好吗？

D. 你是觉得收到的衣服有少许色差，是吗？

三、判断题

客户服务人员在与客户交流时，一定要学会捕捉对方的说话重点和言外之意。（　　）

项目三

客户服务售前准备

知识目标

（1）掌握商品基本知识。

（2）掌握 FAB 法则。

（3）了解常用在线客户服务工具。

（4）熟悉常见客户服务快捷语。

技能目标

（1）能够编制商品手册。

（2）能够熟练应用 FAB 分析和介绍商品。

（3）熟练使用在线沟通工具。

（4）学会编制客户服务快捷语。

素养目标

（1）培养细致、耐心的职业素养。

（2）培养系统思考和独立思考的能力。

（3）培养良好的团队协作意识。

（4）培养对行业领域、政策法规的敏锐度。

任务一　商品认知

商品认知

地毯钉的故事

哈利·波赛是戴利·巴勒公司的销售开发部经理，有一次他在"纽约行销主管俱乐部"的会议中告诉大家一件事。这事后来发表在《纽约行销主管周刊》上，内容是这样的：

当时我和公司的一名机械工去购买一些与油毡有关的工具与配备，我正好看到一些地毯钉，便问那名机械工："你卖不卖地毯钉？"

"我卖不卖地毯钉？"他近乎兴奋地大叫起来："天，我卖的可是市场上最好的地毯钉！而且，我可以证明给你看。"他顺手握了一把地毯钉，然后继续说道："瞧"，他伸过手来，让我看他手中的钉子："我卖的是经过消毒绝不生锈小巧斜角头的地毯钉。这和普通的扁头钉不同，普通的扁头钉钉到地毯里面之后，会扯住地毯的毛，因此会显露出丑陋的钉头。我的地毯钉钉入地毯之后，会藏到地毯的毛里面。从上面一点也看不出来，是的，先生，至少到目前为止，这是市面上最好的地毯钉！"

他的话给我留下了极深的印象——我被说服了——我买了他的商品，我买了一整盒他说的好东西。

不同的行业需要具备不同的专业知识，不同行业的商品千差万别，各不相同。特别是通过网络销售的商品极其丰富，买家在难以选择的情况下，更需要客户服务人员的专业讲解和导购。因此，电子商务客户服务人员在上岗之前，必须掌握一定的商品学知识，以便更好地为客户服务。

 微言微语

> 在取得一鸣惊人的成绩之前，必先做好枯燥乏味的准备工作。

一、商品规格

规格是指商品的物理形状，一般包括体积、长度、形状、重量等。在标准化生产的今天，通常一种商品采用一种规格衡量标准，主要是为了区分类似商品，一般来说品种的规格都是从小到大有序地排列的。

不同类型的商品会采用不同的方式来区分规格，如图3-1所示的是常见的规格区分方式，用归纳总结的方法可以最快地掌握商品资料，有利于将来运用专业知识来服务客户。

按大小区分规格

按重量区分规格

按容量区分规格

按长度区分规格

图3-1　商品规格分类

1. 按大小区分规格

如图 3-2 所示，服装、鞋子、内衣、戒指等商品都是按尺码区分规格的商品。鞋子按脚的长短来确定尺码，一般女鞋的 35、36、37 码属于常见尺码，38、39 码属于偏大的码数；男鞋 40~42 码属于常见的尺码，超出这个范围的尺码属于偏小或者偏大，人的脚有胖瘦之别，所以鞋型会有宽窄之分。

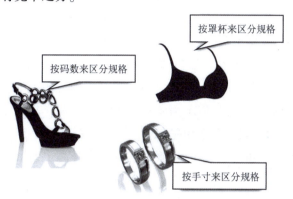

图 3-2　按大小区分的规格

内衣是以下胸围和罩杯大小来区分规格的，如 70A、70B、80B、80C 等，这里的 70、80 是指下胸围，A、B、C 是指罩杯的型号。

戒指指圈的大小称为"手寸"，以"号"来表示，是根据戒指的直径和周长来确定的。手寸、号有美式和港式之分，它们对应的直径和周长各不相同，目前中国多采用港式。

服装相对来说比较复杂，因为目前服装市场大约有四种尺码型号的标识法（图 3-3），所以很多人不是很清楚其中的区别。

图 3-3　服装尺码规格

（1）第一种是按照传统的 XS、S、M、L、XL、XXL 来区分的，上述尺码依次代表加小号、小号、中号、大号、加大号、加加大号。一般来讲，设计师会根据服装穿着的目标人群分析，找出其中最常见的体型来确定 M（中号）的尺码大小，即所谓的均码，在这个基础上再来缩放成其他的尺码。

（2）第二种是用身高加胸围的形式来区分的，比如 160/80A、165/85A、170/85A 等。

斜线前面的数字代表"号"，是指服装的长短或人的身高；斜线后面的数字代表"型"，是指人的胸围或腰围；英文字母是体形代号，指人的体形特征，A型表示一般体形，B型表示微胖体形，C型表示胖体形。

（3）第三种是使用欧式型号，女式上装用数字34～44之间的双数来表示，男式上装用数字44～56的双数来表示，数字越小尺码越小，数字越大则尺码也越大。下装由腰围尺寸来标注，计量单位是英寸，女裤从25～32号，男裤从28～40号。

（4）第四种是使用北美型号，这一种相对来说比较少见，用0～11的数字表示。"1"号代表适合身高150cm的人穿用，"2"号代表适合身高155cm的人穿用，以此类推，每个型号之间身高差距是5cm。此外，还用字母来表示胸围与腰围的差值范围，如"Y"表示胸围与腰围相差16cm，"YA"表示两者相差14cm，"A"表示两者相差12cm，"AB"表示两者相差10cm，"B"表示两者相差8cm，"BE"表示两者相差4cm，"E"表示两者相差无几。例如，标有"B6"字样的衣服，表示可供身高175cm，胸围与腰围相差8cm的人穿用。

服装还有版型之分（图3-4），通常按照宽松、合身、修身、紧身来区分，长度会按超短、短款、常规、中长、长款来区分。

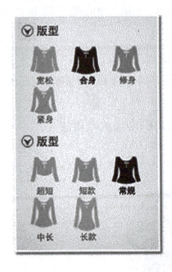

图3-4　服装版型区分

以下为一则客户与客服代表关于衣服尺寸的对话：

客户：在吗？身高165cm，体重55kg，适合穿多大的？

客服：亲，您平时穿多大尺码的衣服呢？这款衬衣是标准尺码的哦！

客户：我给妈妈买的，她平时穿5码，和你们这款衣服标的尺码不一样啊！

客服：亲，您妈妈穿的5码是美国码的尺码标准哦，我们店铺用的是中国码标准，5码对应M码。您妈妈的身高、体重也比较标准，M码应该很合适。

客户：噢噢，这样啊！那我直接拍M码，谢谢啦！

客服：不客气哟，亲！欢迎您的光临，期待您下次再来！

2. 按重量区分规格

如图 3-5 所示，固体的食品、茶叶、彩妆类商品都是用重量单位克、公斤来区分规格的，在商品的外包装上，区分规格的重量单位"克"经常用英文字母"g"来表示，单位"公斤"用英文字母"kg"表示。例如：100g 牛肉干、150g 茶叶、10kg 大米、10g 粉饼、30g 散粉、3g 装口红，等等。

重量单位：克/g、公斤/kg

图 3-5　按重量大小区分规格

3. 按容量区分规格

如图 3-6 所示，液体的饮料、油、护肤类商品都是用容量单位升、毫升来表示的，外包装上的"mL"表示容量单位"毫升"，"L"表示容量单位"升"。例如：500mL 的矿泉水、2L 的花生油、100mL 的爽肤水、30mL 的香水，等等。

容量单位：毫升/mL、升/L

图 3-6　按容量大小区分规格

4. 按长度区分规格

如图 3-7 所示，鱼竿、管材、布料、花边等商品是采用长度单位米、厘米来区分规格的，长度单位"米""厘米"在外包装上通常以"m""cm"表示，一般长度越长价格越贵。

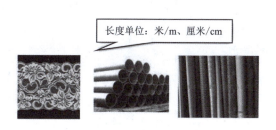

长度单位：米/m、厘米/cm

图 3-7　按长度大小区分规格

除此以外，商品的规格区分还有其他的计量单位，比如：地板按平方米计算价格、木料按立方米计算价格、灯泡按瓦数计算价格、电脑按配置计算价格，更多的商品是按件数、个数为规格计算价格的，甚至有的同款商品不同颜色因为热销程度不同价格也会有所不同。从事一类商品的销售，首先就是要了解此类商品的计量单位和规格区分方式，这是了解商品的第一步，也是成为销售高手所必须具备的最基础的商品常识。

时代链接

商务部新闻发言人20日在发布会上表示，临近春节，商务部将统筹做好疫情防控和消费促进工作，在指导督促各地落实落细疫情防控措施的同时，有效保障节日期间市场商品供应，更好满足居民节日消费需求。

在繁荣活跃节日市场方面，商务部将会同相关部门共同指导举办为期近一个月的"2022年网上年货节"，各大电商平台春节期间不打烊，并针对节日消费特点，推出更多绿色、智能、优质商品以及餐饮套餐、定制年夜饭等。各地也将在抓好疫情防控前提下，开展形式多样、线上线下相结合的节日促消费活动。

据商务部监测，目前各地生活必需品市场总体供应充足，价格总体平稳，传统年货、优质生鲜、应季服饰、智能家电、鲜花绿植等商品销售旺，老字号餐饮、特色餐饮受欢迎，滑雪、滑冰等冰雪消费热力足，消费市场开局稳。

——摘自人民网新闻（2022年1月20日）

阅读材料3-1

常见面料——PU皮

PU皮的反面是牛皮的第二层皮料，在表面再涂上一层PU树脂，所以也称贴膜牛皮。其价格较便宜，利用率高，随工艺的变化也可制成各种档次的品种，如进口二层牛皮，因工艺独特、质量稳定、品种新颖等特点，为目前的高档皮革，价格与档次都不亚于头层真皮。

PU皮的特点：外观漂亮，好打理，价格较低，但不耐磨、易破。

PU皮的保养：

①蘸水及洗涤剂清洗，忌汽油擦洗。建议使用柠檬味的保养蜡。

②不能干洗。因为PU皮沾了干洗的油会变形。

③只能水洗，而且水洗温度不能超过40℃。

④不能用阳光直接暴晒。

⑤不能接触一些有机溶剂。

课堂演练3-1

制作商品手册

浏览淘宝网，制作如下的商品手册，商品属性不少于8个，商品不少于10个。可分服装类、化妆品类、电子类分别制作。

编号	图片	品名	品牌	款式	尺码	尺寸							颜色	面料	售价	备注
1		希腊风情中袖真丝连衣裙	可可	典雅系列	S/M/L/XL/XXL/XXXL	上衣尺码	S	M	L	XL	XXL	XXXL	白、红、蓝	真丝	298元	圆领，中袖，凸显出东方女性高贵典雅的美态
						服装尺码	36	38	40	42	44	46				
						胸围/cm	79~82	83~86	87~90	91~94	95~98	99~103				
						腰围/cm	62~66	67~70	71~74	75~78	79~82	83~86				
						肩宽/cm	37	38	39	40	41	42				
						身高/胸围	155/82A	160/86A	165/90A	170/94A	172/98A	175/102A				
2																

二、商品的 FAB 分析

FAB 法是一种简单实用的商品介绍方法，FAB 是三个英文单词开头字母的组合，F 是指特性（Feature），即商品的固有属性；A 是指优点（Advantage），即由商品特性所带来的商品优势；B 是指好处（Benefit），即顾客使用该商品时所得到的好处，这些好处源自商品的特性和优点。

1. 商品特性

商品特性其实就是商品的事实状况，也就是商品生产出来后具备的属性，比如商品的材质、产地、款式、颜色、规格等，客户能用眼睛或触摸等方式感受到这些外部信息。图 3-8 所示为一款女包的特性。客户服务人员要了解商品的特性，才能回答客户的提问，如衣服的面料是什么、食品使用了哪些基本的原材料等。

大小：中
背包方式：单肩斜挎手提
闭合方式：拉链
流行元素：车缝线
有无夹层：无
成色：全新
货号：TB-0042
肩带样式：双根

流行款式名称：其他
质地：锦纶
内部结构：拉链　暗袋　手机袋　证件袋
图案：纯色
箱包硬度：软
适用场景：休闲
风格：商务/OL
里料材质：涤棉

款式：单肩包
提拎部件类型：硬把
箱包外袋种类：内贴袋
颜色分类：深灰　藏青　黑色　驼色
是否可折叠：是
品牌：viviwang
形状：横款方形

图 3-8　商品特性展示

2. 商品优点

商品优点在一定程度上代表了与同类商品相比较的优势，即自己与竞争对手有何不同。比如，全棉的面料更透气和吸汗，使用不含添加剂的食品更安全等。图3-9所示为淘宝网店一款纯棉女袜的优点展示。

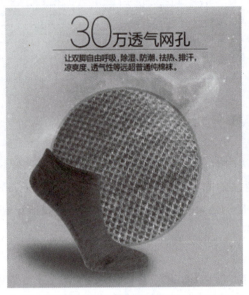

图3-9　商品优点展示

3. 商品好处

商品好处即商品的优点所带给顾客的利益。如果商品的优势不能有效地转化为客户的利益，客户就不会被轻易地打动，因为客户购买商品是为了满足自己的某一个需求，而直接看到客户真实的需求是一个有经验的客户服务人员所应该具备的专业素质和能力。图3-10所示是淘宝网店一款无痕冰丝袜套的海报，"享受轻薄凉爽、不积汗无负担"就是客户使用该商品时所得到的好处。

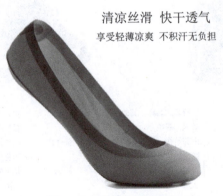

图3-10　商品好处展示

 **课堂演练 3-2**

商品介绍编制

1. 全班分成小组，每组挑选一个商品；
2. 小组讨论商品特性、优点和好处并用图文展示；
3. 各组展示之后，全班同学进行评论，并评选出最吸引人的商品介绍。

 **阅读材料 3-2**

面料

面料就是用来制作服装的材料。作为服装三要素之一，面料不仅可以诠释服装的风格和特性，而且直接左右着服装的色彩、造型的表现效果。

1. 棉布

棉布是各类棉纺织品的总称。它多用来制作时装、休闲装、内衣和衬衫。它的优点是轻松保暖，柔和贴身，吸湿性、透气性甚佳。它的缺点则是易缩、易皱，外观上不大挺括美观，在穿着时必须时常熨烫。

2. 麻布

麻布是以大麻、亚麻、苎麻、黄麻、剑麻、蕉麻等各种麻类植物纤维制成的一种布料。一般被用来制作休闲装、工作装，多以其制作普通的夏装。它的优点是强度极高，吸湿、导热、透气性甚佳。它的缺点则是穿着不甚舒适，外观较为粗糙，生硬。

3. 丝绸

丝绸是以蚕丝为原料纺织而成的各种丝织物的统称。与棉布一样，它的品种很多，个性各异。它可被用来制作各种服装，尤其适合用来制作女士服装。它的长处是轻薄、合身、柔软、滑爽、透气，色彩绚丽，富有光泽，高贵典雅，穿着舒适。它的不足则是易生褶皱，容易吸身，不够结实，褪色较快。

4. 呢绒

呢绒又叫毛料，它是对用各类羊毛、羊绒织成的织物的泛称。它通常适用制作礼服、西装、大衣等正规、高档的服装。它的优点是防皱耐磨，手感柔软，高雅挺括，富有弹性，保暖性强。它的缺点主要是洗涤较为困难，不大适用于制作夏装。

5. 化纤

化纤是化学纤维的简称。它是以高分子化合物为原料制作而成的纤维的纺织品，通常分为人工纤维与合成纤维两大门类。它们共同的优点是色彩鲜艳，质地柔软，悬垂挺括，滑爽舒适。它们的缺点则是耐磨性、耐热性、吸湿性、透气性较差，遇热容易变形，容易产生静电。它虽可用于制作各类服装，但总体档次不高，难登大雅之堂。

6. 混纺

混纺是将天然纤维与化学纤维按照一定的比例，混合纺织而成的织物，可用来制作各种服装。它的长处是既吸收了棉、麻、丝、毛和化纤各自的优点，又尽可能地避免了它们各自的缺点，而且在价值上相对较为低廉，所以大受欢迎。

7. 莫代尔

莫代尔（Modal）是一种高湿模量粘胶纤维的纤维素再生纤维，该纤维的原料采用欧洲的榉木，先将其制成木浆，再通过专门的纺丝工艺加工成纤维。该商品原料全部为天然材料，对人体无害，并能够自然分解，对环境无害。莫代尔纤维的特点是将天然纤维豪华质感与合成纤维的实用性合二为一。具有棉的柔软、丝的光泽、麻的滑爽，而且其吸水、透气性能都优于棉，具有较高的上染率，织物颜色明亮而饱满。莫代尔纤维可与多种纤维混纺、交织，如棉、麻、丝等，以提升这些布料的品质，使面料能保持柔软、滑爽，发挥各自纤维的特点，达到更佳的使用效果。

 阅读材料 3-3

商品网络链接标题故意攀附驰名品牌——网店使用"五常"字样销售非五常大米被判赔偿

近日，上海市杨浦区人民法院审结一起网店在商品链接标题中攀附五常大米品牌的案件，判决网店构成侵害商标权及不正当竞争。

黑龙江省五常市大米协会在大米等商品上注册有多个证明商标，其中一个商标被有关部门认定为驰名商标。2020 年，五常市大米协会发现在上海某电商平台搜索"五常大米"时，靠前的搜索结果中黑龙江省宁安某商务公司经营的网店里有四款大米商品链接标题中存在"五常""不低于五常"等字样，但其店铺中出售的大米并非五常大米。经向平台投诉，涉案四款商品均被整改或禁售，至整改或禁售之日的销售金额分别为 90 万余元、44 万余元、58 万余元、58 万余元。

五常市大米协会向杨浦区人民法院起诉电商平台、网店侵害商标权及不正当竞争，要求赔偿经济损失及合理费用。

法院审理后认为，网店所经营的大米产品并非五常大米，但其中一件涉案商品的商品标题中却使用了"五常"字样，属于商标性使用，容易导致消费者误认该大米商品为五常大米，构成商标侵权；其余三件商品标题中使用"不低于五常大米"等字样，以消费者的一般注意，能够理解标题的意思是该大米产品品质不低于五常大米，故不属于商标性使用。但消费者在平台内以"五常"为关键词搜索时所出现的商品链接中包含上述商品，客观上会导致原本打算购买五常大米的消费者转而购买该网店的商品，从而抢夺了五常大米经营者的交易机会。网店在其商品链接标题中使用"五常"字样，亦反映其存在攀附"五常"相关商标的故意，有违诚信原则、商业道德，构成不正当竞争行为。

据此，法院判决网店赔偿五常市大米协会经济损失及合理费用 20 万元。电商平台已经采取必要处置措施，不承担责任。判决后，原、被告均未上诉。

法官说法

随着电子商务的发展，网店竞争日趋激烈，经营者为增加商品曝光度，往往需要精心设置商品链接标题，使其商品或者服务能更多地被消费者检索到，以实现经营获利。但有的商家抱着攀附名牌的想法，企图在标题设置上打"擦边球"，将他人所有的商标名称写入自己的商品标题中，以此增加曝光率。如果因此导致消费者产生混淆，构成侵害商标权；如果因此抢夺了商标所有人的交易机会，还有可能构成不正当竞争，并因此承担相应的法律后果。

　　法官提醒：网店经营者应诚信经营，依靠自身产品、服务的品质及特色去增加自身的经营竞争力。在经营网络店铺时，也应注意规范设置商品或服务链接标题，避免可能产生的法律纠纷。

（摘自人民法院报 2022-04-26 版，作者：张呈，邵阳）

任务二　FAB 法则的运用

FAB 销售法则认知

**案例导入**

FAB——猫和鱼的启迪

　　谈到 FAB，销售领域内有一个著名的故事——猫和鱼的故事。看看下面这四张图（图 3-11）：

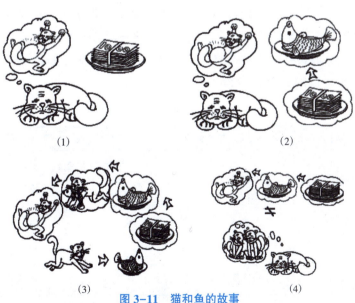

(1)　　　　　　　　　　　　　　　(2)

(3)　　　　　　　　　　　　　　　(4)

图 3-11　猫和鱼的故事

　　图（1）：一只猫非常饿了，想大吃一顿。这时销售员推过来一摞钱，但是这只猫没有任何反应——这摞钱只是一个属性（Feature）。

　　图（2）：猫躺在地下非常饿了，销售员过来说："猫先生，我这儿有一摞钱，可以买很多鱼。"买鱼就是这些钱的优点（Advantage），但是猫仍然没有反应。

图（3）：猫非常饿了，想大吃一顿。销售员过来说："猫先生请看，我这儿有一摞钱，能买很多鱼，你就可以大吃一顿了。"话刚说完，这只猫就飞快地扑向了这摞钱，能吃饱就是钱能给猫带来的好处（Benefit）。这是一个完整的FAB的顺序。

图（4）：猫吃饱喝足了，需求也就变了——它不想再吃东西了，而是想见它的女朋友了。那么销售员说："猫先生，我这儿有一摞钱。"猫肯定没有反应。销售员又说："这些钱能买很多鱼，你可以大吃一顿。"但是猫仍然没有反应。原因很简单，它的需求变了。

一、FAB 的运用

FAB 销售法则的运用

FAB 法则是详细介绍所销售的商品如何满足客户的需求，如何给客户带来利益的技巧。客户服务人员掌握 FAB 法则，有助于更好地介绍和推销商品，以便打动客户，客户对商品是否接受很大程度上取决于客户服务人员介绍的水平。

F、A、B 三个环节是环环相扣的，商品首先会具备 F 的属性，从而具有 A 的优点，这样也就可以带给客户 B 的好处。在介绍商品的时候，一般要按 FAB 的顺序来介绍。实践证明，按这样的顺序介绍，客户不仅听得懂，而且容易接受。

客户服务人员要运用 FAB 法则，首先要学会使用 FAB 进行商品的卖点分析。FAB 的精髓在于：常人看在眼里的往往是 F：属性，专业人员看到的会更深入一步，他们看到了A：优点，而作为销售人员，需要看到 F，也需要看到 A，但更重要的是能看到 B：好处，即落脚点一定是给顾客带来的好处。不能给顾客带来好处的所谓卖点是空洞乏味的坏点，不能够称为卖点，所谓卖点是商品跟顾客的接触点，更是商品能够给顾客带来的利益点。表 3-1 为一件红色 T 恤的 FAB 法分析。

表 3-1　一件红色 T 恤的 FAB 法分析

序号	F（特性）	A（优点）	B（好处）
1	纯棉质地	吸水性强、无静电产生	柔软、易处理、不会刺激皮肤、耐用
2	网眼布织法	挺直、不易皱	透气、舒服
3	红色	颜色鲜艳	穿起来很有精神
4	小翻领	款式流行又简单	自然、大方
5	拉架的领、袖	富有弹性、不易变形	穿着自然、得体
6	十字线钉扣	不易掉扣子	结实耐用

 **课堂演练 3-3**

FAB 分析

请仿照一件红色 T 恤的 FAB 法分析一款手机的 FAB。

序号	F（特性）	A（优点）	B（好处）
1			
2			
3			
4			
5			
6			

　　学会 FAB 法分析后，客户服务人员可根据 FAB 分析表，设计 FAB 说词，用最有说服力和感染力的语言描述你的商品以打动客户。FAB 说词的一般组织形式是：因为此款采用……（属性特性），它可以……（优点功效），能够让您……（带来的好处）。表 3-2 为一般说词和 FAB 说词的比较。

表 3-2　一般说词和 FAB 说词比较

一 般 说 词	FAB 说词
这件衬衣是由纯麻纱织成的	因为这件衬衣是由纯麻纱制成的，所以非常轻巧，让您在炎夏的天气下穿起来也格外清爽
这款裤子穿了很舒服的	此款所用面料是 100% 棉，很容易吸汗，夏天穿上能够保持皮肤的干爽，特别舒适
这款衣服的设计版型是很好的	因为此款衣服采用贴身的版型设计，它可以充分展现出您迷人的曲线身材，让您在朋友中备受宠爱

 **课堂演练 3-4**

FAB 说词练习

请设计以下商品的 FAB 营销说词。

1. 移动电源

　　营销对象：

　　FAB 说词：

2. 笔记本电脑

营销对象：

FAB 说词：

3. 家用蛋糕机

营销对象：

FAB 说词：

4. 时尚牛仔裤

营销对象：

FAB 说词：

5. 可定制手工围巾

营销对象：

FAB 说词：

二、FAB 法则使用常见问题

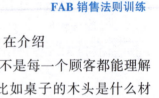

FAB 销售法则训练

FAB 法则看似简单，但使用过程中要注意避免以下问题。

1. 过分强调商品属性

一种商品本身会包含许多元素，比如特性、成分、用法等。在介绍时可能会涉及许多专用术语，但是顾客的水平是参差不齐的，并不是每一个顾客都能理解这些术语。如果在沟通过程中将介绍重心放在商品的属性上，比如桌子的木头是什么材质，这个材质的木头来自哪里，木头到底有多好等，对于购买者而言无异于天书，客户往往会觉得商品过于复杂，而放弃购买。

所以我们要注意在介绍时尽量用简单易懂的词语或是形象的说词代替。在解说时要逻辑清晰，语句通顺，让人一听就能明白。如果你感到自身表达能力不强，那就得事先多做练习。

2. 将优点和好处混淆

商品的优点是商品本身所固有的，无论谁购买这个商品，商品的优点都是固定不变的；但是好处却是特定的，不同的人购买所获得的好处是不一样的。

比如购买桌子，同一个轻便、价格便宜的桌子，对于小餐厅而言，他们看重的是价格，所以介绍商品可以强调价格便宜，能够给小餐厅节约更多成本，同时更换成本低，因为对于他们来说一个轻便的桌子和一个笨重的桌子并无差别。而对于一个高级餐厅来说，轻便才是他们最关注的，因为他们每天都要搬动桌子，尽管价格贵点，但是能够让自己后续的工作量减轻。

3. 夸大事实

每一个顾客的需求是不同的，任何一种商品都不可能满足所有人的需求。在介绍商品时，切记要以事实为依据，夸大其词或攻击其他品牌以突出自己的商品都是不可取的。因为顾客一旦察觉到你在说谎、故弄玄虚时，出于对自己利益的保护，就会对交易活动产生戒心，反而会让你失去这笔生意。

微言微语

> 人而无信，不知其可也。
>
> ——摘自《论语·为政》

阅读材料 3-4

说话的技巧

著名画家丰子恺有次出外写生，一开始在路上碰到一商人。丰子恺就跟人家进行自我介绍，他告诉那个商人：他叫丰子恺，"丰"是那个"咸丰皇帝"的"丰"。商人摇摇头讲，不知道。他又告诉商人："丰"是那个"五谷丰登"的"丰"。商人还是摇头讲不知道，丰子恺不得已就在这个商人手上写了"丰"，商人看完，恍然大悟讲：这不就是"汇丰银行"的"丰"嘛。丰子恺想想，哦，原来讲"汇丰银行"的"丰"他就明白了。那我下次碰到人作自我介绍的时候讲我这个姓"丰"就用"汇丰银行的丰"进行介绍，省得人家不明白并浪费时间。

丰子恺又往前走，走到一山村正计划写生碰到一老农。他又开始很热情地跟老农进行自我介绍，他告诉老农：他叫丰子恺，丰是那个"汇丰银行"的"丰"，结果老农摇摇头讲不知道，他又告诉老农："丰"是那个"咸丰皇帝"的"丰"，老农还是摇头讲不知道。丰子恺只好在自己的画纸上用笔写了一个"丰"字。老农看了哈哈大笑讲：这不就是"五谷丰登"的"丰"啊，丰子恺又再次迷糊了。

做销售一定要明白，每个产品肯定有好多卖点和话术 FAB。面对不同的顾客，销售说法肯定是不一样的。这个案例也告诉我们一个解决的办法是要用对方熟悉的、一直接触的环境语言去交流，这样可以很快引起对方共鸣。

例如故事中的商人因为经商所以对银行很熟悉，因此你跟他交流"丰"是"汇丰银行"的"丰"他就明白；而农民因为跟庄稼打交道多，因此你跟他交流"丰"是"五谷丰登"的"丰"他就明白。假如是跟一位历史老师交流，那和他交流"丰"是"咸丰皇帝"的"丰"，他立马就能明白；那如果是跟政府官员交流，用"丰功伟绩"的"丰"则可以更快引起共鸣；那如果是跟女孩子交流用"丰"是"苗条丰满"的"丰"，她肯定也能明白。这个也就告诉我们销售的时候要看人说话，也就是我们俗话讲的"到什么山唱什么歌"。

任务三　了解常见在线客户服务工具

案例导入

沟通渠道多样化

　　有人说：沟通无处不在，生活就是沟通。职场中更是如此。一项调查表明，职场中的工作人员有70%左右的时间花在信息沟通上，可见"信息沟通"对企业的重要性。众多沟通方式中，"电话沟通"是一种比较经济的沟通方式；"在线即时聊天工具沟通"比较适合接触网络知识比较多的年轻人；"当面沟通"是一种自然、亲近的沟通方式，这种沟通方式往往能加深彼此之间的友谊、加速问题的冰释；"邮件沟通"是一种最经济的沟通方式，沟通的时间一般不长，并且不受场地的限制，尤其适用于需要对方先思考、斟酌，短时间不需要或很难有结果时。

　　随着微信、QQ等聊天软件的普及，使得通过网络聊天工具与客户沟通也越来越成为一种主要的沟通方式。网店客服是指充分利用各种通信工具，并以网上及时通信工具（如旺旺）为主的，为网店客户提供相关服务的人员。网络聊天这种方式能够让一位客服代表同时应对多位客户的服务请求，从运营的角度看，在客户的满意度保持同等水平的前提下，这种方式大大提高了客服的工作效率。

一、千牛工作台

1. 工具介绍

　　目前淘宝系的网店客户服务主要是通过"千牛"工具软件（原"阿里旺旺卖家版"）与客户进行沟通的，卖家客户服务可使用PC端和手机端软件与客户进行交流。千牛PC端界面如图3-12所示，千牛手机端界面如图3-13所示。

　　千牛卖家工作台支持子账号登录，提供店铺关键信息提醒，以及商品、交易、数据等常用操作快捷入口；商品消息、订单消息、退款消息、官方公告等，第一时间推送到手机；支持手机和电脑同时登录，联系人、聊天记录和快捷短语与电脑无缝云同步，可添加好友，查看买家个人主页；插件中心具备商品管理、交易管理、数据统计等常用功能，均有多款插件供选择，分销商卖家可订购使用供销管理插件。

2. 子账号设置

　　子账号业务是淘宝网及天猫提供给卖家的一体化员工账号服务。掌柜使用主账号创建员工子账号并进行客服、客服主管、运营、美工、财务等权限授权后，客服人员可以使用子账号接待顾客咨询；运营人员可以使用子账号管理商品和店铺；营销人员可以使用子账号搭配套餐、发送优惠券；物流人员可以使用子账号发货、修改地址、使用物流小工具；

图 3-12　千牛卖家工作台 PC 端

图 3-13　千牛卖家工作台手机端

美工人员可以使用子账号装修店铺。主账号可对子账号的业务操作进行监控和管理，具体介绍详见 zizhanghao. taobao. com。

打开千牛卖家工作台，依次单击"店铺管理"→"子账号管理"（图3-14），可进入子账号管理界面，界面如图3-15所示。

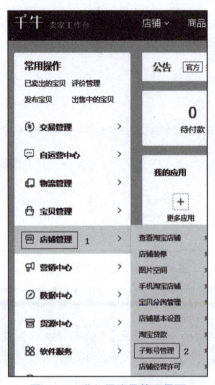

图3-14　进入子账号管理界面

图3-15　子账号管理界面

　　掌柜需使用主账号创建员工子账号并进行客服分流，客服才可进行客户接待等工作。单击"新建员工"，在出现的界面中选择"客服"岗位依次输入密码、手机等信息后单击"确认新建"，即可创建一名新客服岗位（图3-16）。

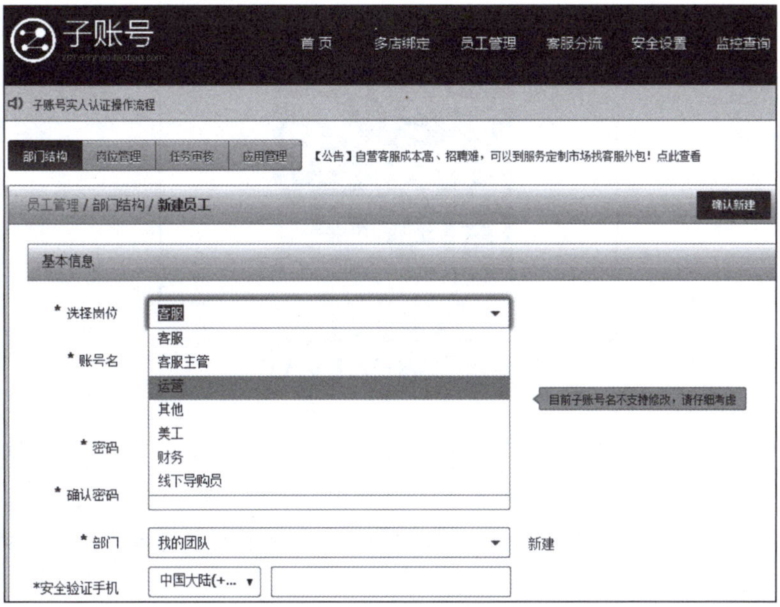

图3-16　创建客服子账号

　　创建的客服子账号需通过实人认证方可正常使用，在子账号创建成功后未认证的情况下，系统默认该账号为限制登录状态，如需正常使用请尽快完成认证。在"认证状态"界面点击（图3-17），弹出身份认证框（图3-18），使用"手机千牛"或"手机淘宝"App扫描二维码，输入姓名和身份证号码，完成人脸识别等实人认证流程（同一店铺内同一身份证只能使用一次，但可以在不同的店铺进行认证），非大陆身份证暂不支持认证，大陆身份证会立刻告知审核结果。

图3-17　客服子账号认证

图 3-18　客服子账号实人认证

客服子账号通过实人认证后，主账号可依次单击"客服分流"→"分组设置"→"添加分组"→"输入分组名称"→"添加客服"，将通过实人认证的客服子账号加入指定分组并显示店铺亮灯，这样客服子账号就可以接待分流过来的客户了。具体如图 3-19、图 3-20、图 3-21、图 3-22 所示。

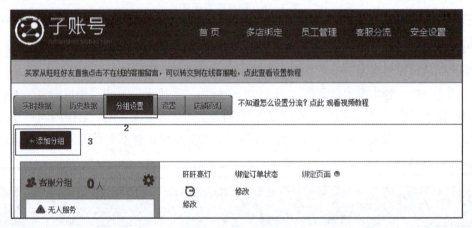

图 3-19　添加分组

图 3-20　输入分组名称

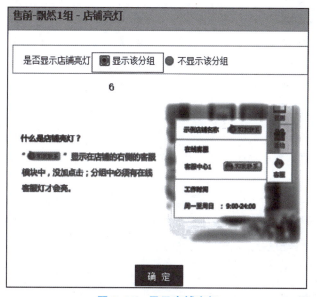

图 3-21 添加客服

图 3-22 显示店铺亮灯

　　主账号对组内每个客服子账号可设置不同的权重值，值越高将分流到越多的客户。权重值可选：100/200/300/400/500，如图 3-23 所示。主账号还可修改客服子账号的店铺亮灯时间，便于掌控客服的上下班时间，如图 3-24 所示。

　　3. 客服工作台操作

　　客户服务人员使用客服子账号登录后进入客服工作台（图 3-25）。工作台最上面部分显示账号信息、今日接待人数、已付款人数等信息。工作台下面分为三部分，左侧主要是接待的顾客列表等信息；中间是聊天显示框；右边可以查看顾客足迹，了解顾客进店后浏览的途径，看了几款宝贝以及看宝贝的时间；查看商品和订单信息，客服实时绩效等。

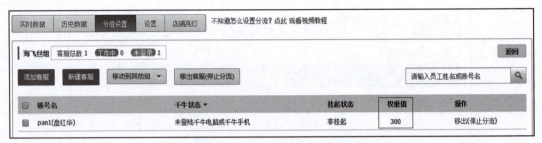

图 3-23　设置客服子账号权重值

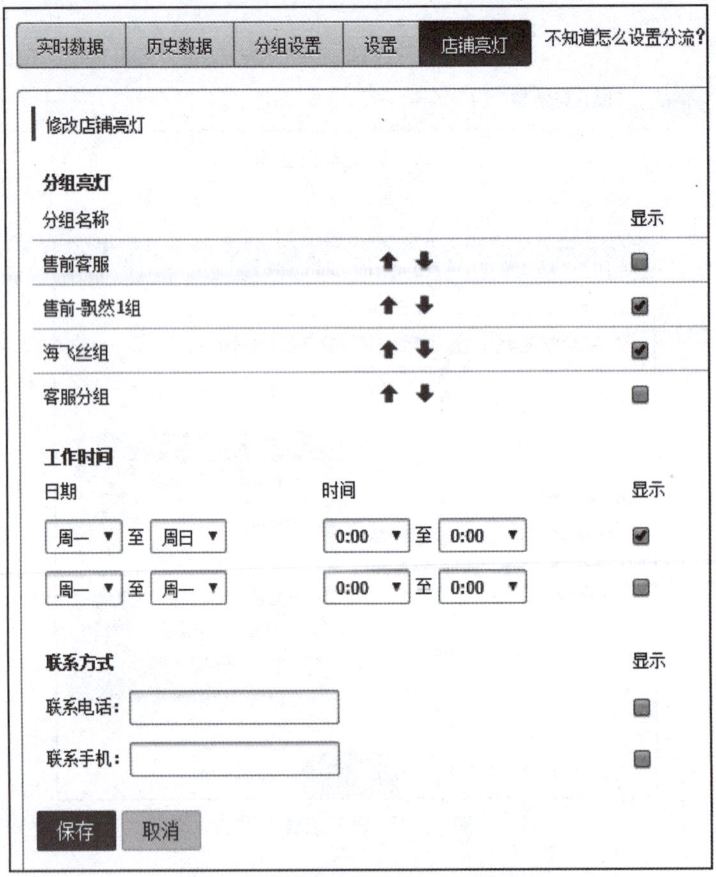

图 3-24　设置客服子账号亮灯时间

千牛客服工作台操作非常简单，在正式接待客户前可进行多种设置。单击左下角图标可进行系统设置，如图 3-26 所示。

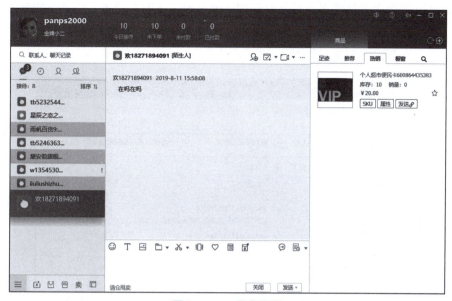

图 3-25　工作台界面

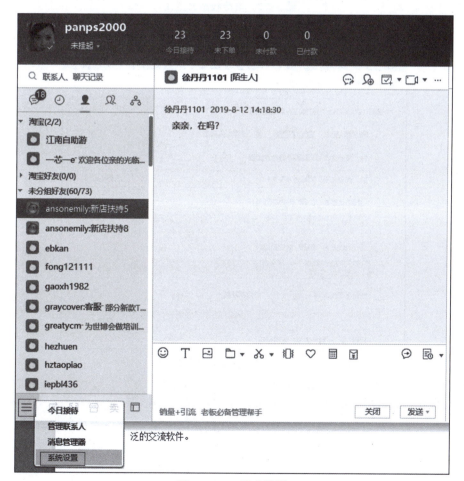

图 3-26　工作台设置

客服可设置接待人员状态，可以根据自己的习惯进行勾选设置，在此可以设置离开电脑后几分钟状态变为"离开"，如图 3-27 所示。可设置自动回复等信息，避免不能及时回复顾客，带来不好的体验，如图 3-28 所示。

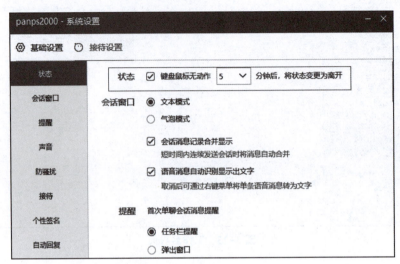

图 3-27　接待状态设置

图 3-28　设置自动回复

常见的自动回复用语如下：

（1）当天第一次自动回复。

亲，欢迎光临××数码店，很高兴遇见您！本店主营××，优惠多多，惊喜不断，欢迎选购！

（2）忙碌时自动回复。

亲，现在是咨询高峰期，顾客太多，没有及时回复您，并非有意怠慢，希望您能理解，亲可留下问题，小二看到后会尽快给你回复，么么哒！

（3）离开时自动回复。

亲，不好意思！小二临时离开，可能没及时回复您！亲看到喜欢的宝贝请直接先拍下来，回来联系亲，谢谢！祝生活愉快，有空多来坐坐哦！

千牛工作台详细操作说明可查阅淘宝大学（daxue.taobao.com）相关资料。

二、企业微信

企业微信，是微信团队专为企业打造的专业通信工具。该软件具有与微信一致的沟通体验、丰富的 OA 应用及连接微信的能力，可在微信内、外各个场景接入微信客服，提供一致的咨询体验，还能邀请微信用户添加企业微信，升级为专属服务，如图 3-29 所示。

图 3-29　企业微信

（1）丰富的接入口。

支持在微信内的视频号小店、公众号、小程序、网页、搜一搜品牌官方区、支付凭证等场景中接入微信客服。

（2）一致的咨询体验。

客户无需加好友即可在微信里和客服沟通，和微信聊天有一致的体验。客服回复后，客户将在微信里收到新消息提醒。如果客户后续还有服务需求，还能在客服消息中找到并继续咨询。

（3）客户联系。

添加客户的微信，通过单聊或群聊为客户提供服务，可以和微信用户语音/视频通话。企业可查看并管理成员添加的微信客户，对离职成员的客户进行再分配。

三、京东咚咚

京东咚咚是京东商城推出的一个即时通信工具软件（图3-30），其面向京东个人用户、商家客服和京东客服。京东咚咚商家版就是京东在线客服平台，是供京东中小型商家使用的工作台，其不仅提供在线客服功能，还提供即时的消息提醒、订单管理等功能。京东咚咚商家版是商家打理店铺的得力帮手，支持 PC 端与移动端。

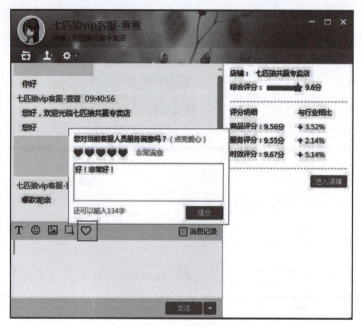

图3-30　京东咚咚

课堂演练 3-5

客服快捷语编写

情境：假设你是某女装网店店铺客服，新店开张，你需要为店铺编制相应的客服规范用语，并且针对不同场景给出多个应对方案。请根据以下任务编制快捷语。

任务：1. 欢迎语；

　　　2. 商品咨询语；

　　　3. 议价答复；

　　　4. 结束语。

任务四　客服快捷语编制

案例导入

网店客服绩效考核

一个优秀的客服，和一个平庸的客服，能够为网店带来的效益可以说是天差地别。为了对客服进行评估，必须针对客服人员进行绩效考核。在考核客服的过程中，有几个指标是十分重要的，它们可以从不同的角度反映出客服人员的素质、能力和工作效率。如咨询转化率、销售额、客单价、回复率、回复时间等。评估分值直接与薪资、提升奖金及后期培训、职位晋升挂钩。图 3-31 所示为某网店客服绩效考核后台数据。

客服昵称	销售额	销售量	销售人数	销售订单数	个人销售额占比	询单→付款转化率	销售客单价（元/人）
	￥96,129.61	390	240	243	18.30%	14.92%	￥400.54
	￥100,417.26	364	270	274	19.12%	18.29%	￥371.92
	￥99,710.22	332	258	267	18.98%	16.20%	￥386.47
	￥75,867.40	239	235	236	14.44%	16.45%	￥322.84
	￥82,012.34	307	224	234	15.61%	16.29%	￥366.13
	￥71,184.70	265	211	227	13.55%	15.52%	￥337.37
	￥0.00	0	0	0	0.00%	0.00%	￥0.00
	￥0.00	0	0	0	0.00%	0.00%	￥0.00
汇总	￥525,321.53	1,897	1,438	1,481	--	--	--
均值	￥65,665.19	237.13	179.75	185.13	12.50%	16.29%	￥365.31

图 3-31　某网店客服绩效考核后台数据

一、客服快捷语的意义

客服快捷语编制

作为网店客服，每天接待几十上百的客户咨询，遇到客户同样的问题，网店客服人员应有统一、标准、规范的回答。另外，绝大多数问题会在工作过程中重复出现，因此编制快捷语可大大节省回复时间，这样不仅能够提高工作效率，也能在一定程度上提高客户的满意度。

二、常用客服快捷语编制

以下从多个方面讲解客服快捷语的编制。

1. 进店问候

例句 1：您好！欢迎光临，很高兴为您服务！

例句 2：亲，我是西瓜，请问有什么可以为您效劳的呢？

例句 3：您好，×××店欢迎您！很高兴为您服务！如果喜欢我们的商品，记得收藏我们的店铺哦！

2. 商品咨询

例句 1：感谢您的信任，那我就给您推荐几款吧，但纯粹是个人意见哦。

例句 2：您的眼光真不错，我个人也很喜欢您选的这款。

例句 3：这是我们品牌重点推出的秋冬最新款毛衣，在我们的店铺这个款式已经卖断码了，现在我们店只有两件了，您平时穿什么码啊？

3. 客户讨价还价

例句 1：亲，很抱歉，店铺的价格都是经过再三考虑的，利润真的很有限，所以请您多多理解我们。

例句 2：的确，若单看标价，确实会让人觉得贵，但是我们的商品 2 年内的更换率是行业中最低的，所以性价比绝对是高的呢。

例句 3：非常感谢您的惠顾，不过，网上店铺的各项成本也不低，对于初次交易我们确实都是这个价格的，以后不论是您再次购买或者是介绍朋友来购买，我们都是会根据不同金额给予优惠的。

例句 4：这个价格已经是我们的最低价了，实在没办法啊，呵呵，请您多多理解。麻烦您考虑下哦，需要的话请联系我或直接拍下，谢谢！

4. 客户拿便宜货对比

例句：亲，我们的商品不能保证是淘宝最低的，但是我们可以保证我们的商品质量和服务。

5. 客户提出不合理的要求

例句 1：亲，很抱歉，我们对每一个客户都是公平和公正的，所以还请您理解和支持。

例句 2：亲，您还可以继续考虑下，没有关系的。

6. 当客户说你的运费比别的卖家高而心生疑惑

例句 1：亲，我们不会多收您一分钱的，快递公司收我们多少，我们就收多少哦。

例句 2：也许我们还不是大卖家，我们的发货量也还是有限的，还享受不了大的折扣，但是请您放心，我们是不会在快递上多收您钱的。

7. 客户犹豫不决

例句 1：亲，您选择的这款真的是很不错的哦，很适合您，所以亲不用再犹豫了哦。

例句 2：亲，您也可以慢慢地选择，因为我们店铺里面的客户现在比较多，我要先接待别的客户，亲您选择好了之后再告诉我，等你哦！

8. 客户拍下宝贝付款时

例句：亲，非常感谢您对我们的支持，我们会尽快帮您安排发货的。

9. 店铺常见公告

例句1：😀本店5月1日、2日、3日放假三天，4月29日下午5点停止发货。放假期间客服只接单不发货。

例句2：本店默认申通快递，也可以发顺丰到付件，其余快递不发，发到付的可以联系客服改运费。江浙沪地区发货后，一般1~2天到货，偏远地区一般3~5天到货。😊

例句3：😀 5月4~11日"××家居致母亲"主题活动，全场低至3折，满599元送原创U盘1个，详情请点击：××××××××××。🐥

10. 结束语

例句1：😺××旗舰店祝您购物愉快，新年大吉！😺

例句2：期待您的下次光临😺，祝您晚安好心情。🌙

例句3：感谢亲的光临，亲如果对我们的商品满意的话请给我们5分好评，如有什么问题的话请及时联系我们哦。

客服快捷语可以用Excel或WPS表格编辑（图3-32），保存为CSV格式的文件，然后再导入千牛等在线交流工具。

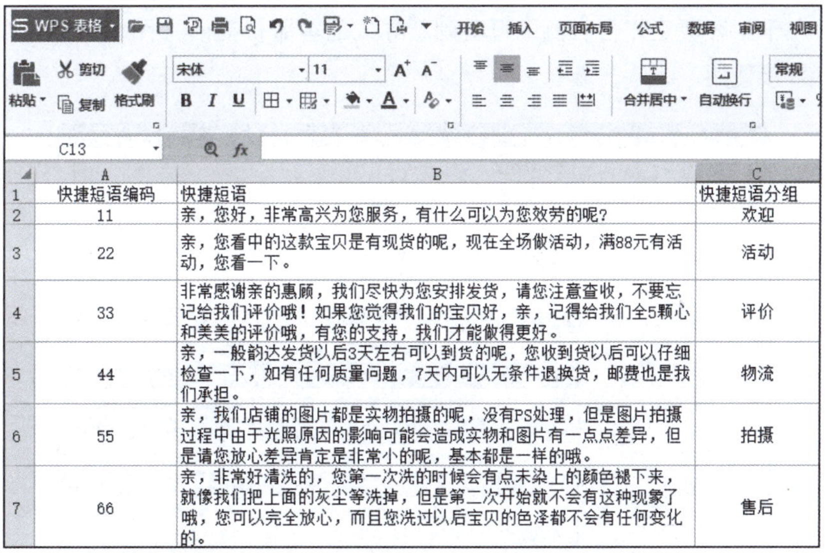

图3-32 用WPS表格编辑客服快捷语

三、客服快捷语的导入

以千牛为例，客服快捷语的导入非常简单。打开任一聊天对话框，单击如图3-33所示的按钮，弹出导入对话框（图3-34），选择相应CSV文件后即可自动导入。

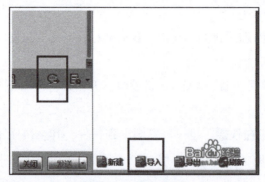

图 3-33 导入按钮

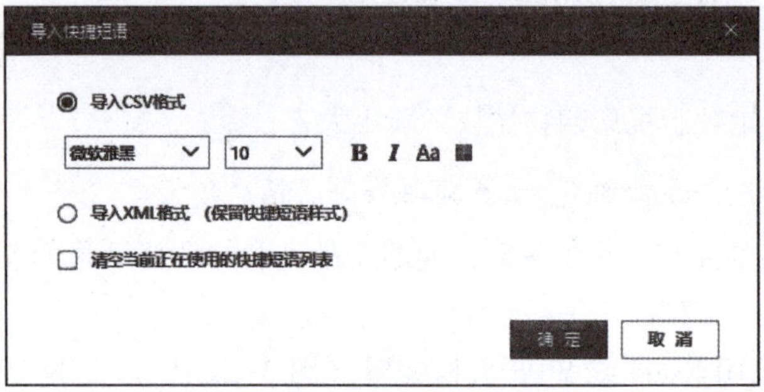

图 3-34 导入对话框

导入后在千牛客服工作台右侧即可看到新导入的客服快捷语（图 3-35），搜索相应短语编码即可直接使用。

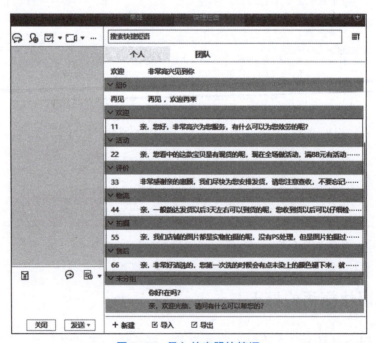

图 3-35 导入的客服快捷语

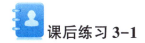 课后练习 3-1

熟悉常见在线客服工具

查阅资料，了解千牛工作台等常见在线客服工具的使用技巧。

 课后测试题

一、单选题

1. 客服人员要学会熟练运用 FAB 法则，以下关于 FAB 描述正确的是（　　）。

A. F、A、B 三者是环环相扣的

B. 可以不必按照顺序来分析

C. 一个商品只有一个卖点分析

D. 商品的每个卖点都要介绍出来

2. 以下关于一件纯棉红色 T 恤的 FAB 分析，其中正确的是（　　）。

A. 棉质是属性　　　　　　　　B. 显得很精神是属性

C. 吸汗是属性　　　　　　　　D. 舒适是属性

二、多选题

1. FAB 法则看似简单，但使用过程要注意避免（　　）。

A. 过分强调商品属性　　　　　B. 将优点和好处混淆

C. 夸大事实　　　　　　　　　D. 多用专业术语

2. 适合一件红色纯棉 T 恤的 FAB 是（　　）。

A. 此款 T 恤面料是 100% 纯棉，很容易吸汗，夏天穿上能够保持皮肤干爽，特别舒适

B. 这款纯棉夏天 T 恤穿了很舒服

C. 这件红色 T 恤，颜色鲜艳，穿上特别显精神

D. 这件 T 恤韩式版型很时尚

三、判断题

商品的优点是商品本身所固有的，无论谁购买这个商品，带来的好处都是固定不变的。

（　　）

项目四

客户接待与沟通

知识目标

(1) 掌握客户接待的流程。

(2) 掌握处理异议的方法。

(3) 了解客户的购买心理。

(4) 了解促成交易的方法。

(5) 了解常见售后问题。

技能目标

(1) 能够熟练接待客户并处理异议。

(2) 能够熟练应用促成交易的技巧。

(3) 能够快速准确分析客户的购买心理。

(4) 学会处理不同状态的订单。

(5) 熟练解决售后问题。

素养目标

(1) 培养良好的表达能力。

(2) 培养积极、耐心、热情的从业素质。

(3) 培养处变不惊的应变力。

(4) 提升抗压能力。

任务一　客户接待

案例导入

"双11"客服安排

在"双11"活动中，客服的征询量爆满，比平常多几十倍的咨询量需要充分做好准备工作，用积极应战的心态迎候大促，提升买家的购物满意度。

"双 11"当天客服安排：

（1）0点~2点：这个时刻段是"双 11"当天最顶峰的时间段，客服全员到岗，承担该时段的接待工作。除了客服进行接待工作之外，还要有专人进行数据监控、页面监控，一旦主页有卖完的产品，立刻进行页面调整。

（2）2点~8点30：疯抢顶峰期过了，进入平延期，客服轮班吃宵夜和轮班歇息，养足精力迎候下一个顶峰期的到来。一起进行页面的整理和调整。

（3）8点30~11点：白日的顶峰时段，除了清晨值勤客服歇息之外，其他客服全员到岗。

（4）11点~12点20：客服轮番吃午饭。

（5）12点20~17点：客服全员到岗，进行接待工作。

（6）17点~18点20：客服轮番吃晚饭。

（7）20点：给客服派发糕点、饮料等，21点后又是一个小顶峰。

（8）一直到零点，若是有后备客服人员，及时把"双 11"当天的客服换下歇息。

时代链接

2024 年 1 月 19 日，商务部电子商务司负责人在介绍 2023 年我国电子商务发展情况时表示，2023 年全年网上零售额 15.42 万亿元，增长 11%，连续 11 年成为全球第一大网络零售市场。

该负责人介绍，2023 年商务部贯彻落实党中央、国务院关于加快发展数字经济的决策部署，推动电子商务在恢复和扩大消费、促进数实融合、深化国际合作中发挥重要作用，高质量发展取得积极成效。

扩大消费新动能更加强劲。全年网上零售额 15.42 万亿元，增长 11%，连续 11 年成为全球第一大网络零售市场；实物商品网零占社零比重增至 27.6%，创历史新高；绿色、健康、智能、"国潮"商品备受青睐，国产品牌销售额占重点监测品牌比重超过 65%；促进家居消费政策出台以来，8~12 月适老家具、家庭影院、家用装饰品分别同比增长 372.1%、153.3%和 64.6%。

服务消费新热点更加多元。在线旅游、在线文娱和在线餐饮销售额合计对网零增长贡献率 23.5%，拉动网零增长 2.6 个百分点。其中在线旅游销售额增长 237.5%，哈尔滨冰雪季、贵州村超等旅游亮点频出；在线文娱销售额增长 102.2%，其中演唱会在线销售额增长 40.9 倍；在线餐饮销售额增长 29.1%，占餐饮消费总额比重进一步提高到 22.2%。

数实融合新模式更加丰富。产业电商平台交易功能进一步强化，商务部重点监测平台交易额增幅达到 30%；国家电子商务示范基地作用更加突显，整合培育形成 30 余个数字化产业带，助力行业企业降本增效；"数商兴农"成效显著，全年农村和农产品网络零售额分别达 2.49 万亿元和 0.59 万亿元，增速均快于网零总体。

国际合作新空间更加广阔。"丝路电商"伙伴国增加到 30 个；上海"丝路电商"合作先行区 34 项任务已经启动，电子商务制度型开放新高地建设初见成效；与东盟共同发布加强电商合作倡议，为全球数字治理贡献中国智慧；举办国家级全球数字贸易博览会，打造贸易强国建设新平台；上海、广西、陕西、海南等举办东盟好物网购节、中亚主题日，开展使节直播，线上线下国际电商合作进一步深化；国内主要电商平台进口商品销售额达 2 903.4 亿元，消费选择更加丰富多元。

——摘自 2024 年 1 月 19 日《人民网》新闻报道：2023 年我国网上零售额 15.42 万亿元，连续 11 年成全球第一大网络零售市场

一、电商客服准则

客服人员是接触客户的第一线，一言一语都代表着这个店铺和公司的形象，其本身就是产品专家和形象专家。客服人员应对公司非常了解，熟知商品属性和相关知识，熟悉买家购物流程和物流、支付等操作。

1. 响应要及时

客户首次到访打招呼的时间不能超过 15 秒。打字速度要快，至少要达到 50 字/分钟，且不能有错别字；每次回答客户问题，客户等待时间不能超过 20 秒，如回答太长，宜分次回答。

2. 热情亲切、吃苦耐劳

用语规范，礼貌问候，让客户感觉热情，不是很生硬的话语，做到亲昵称呼，自然亲切。据统计，网店客户咨询的问题往往是比较集中的几个问题，因此对于网店客服来说每天需要重复回答那些问题，难免会感到枯燥。除此之外，一些网店是 24 小时运营，特别是一些大型活动日，咨询量是平时的几十倍，因此吃苦耐劳的精神对一名网店客服来说尤其重要。

3. 了解客户的需求

细心、耐心、有问必答、准确、找话题。对客户的咨询、需求给予准确的回应，并快速提供客户满意的答复，需求不明确时做到引导客户产生需求。

4. 专业销售

自信，随需应变，舒服。以专业的言语、专业的知识、专业的技能，回答客户异议，让客户感觉客服人员是专家并感受到上帝般的舒服。

5. 主动推荐和关联销售

善于向客户推荐公司主推款，并给予关联推荐，乃至达成更高的客单价。

6. 建立信任

建立好感，交朋友，通过经验找到和客户共鸣的话题，想客户所想，给客户恰当建议，建立销售的信任。服务过程中给客户良好的体验并留下愉悦的回忆。

7. 转移话题，促成交易

碰到客户刁难、啰唆等不利局面，迅速转移话题，引导销售，并以促成交易为目的。

二、客户接待的一般流程

大部分客户都是通过查找或搜索找到需要购买的产品，做过详细的比较之后才进入店铺进行询问的，所以购买的目的性是比较强的，这个时候就需要客服热情的接待和专业的解答。接待的一般流程如下：

客户接待

1) 迎接并问好：设置欢迎语，热情亲切地招呼进店客户："欢迎光临，很高兴为您服务！"。

迎接是给客户的第一印象，数据表明，至少有20%的客户，会因为迎接的失败而流失。热情及时的迎接问好就已奠定了成功的基础。在迎接时尽量使用标准化的客服礼貌用语，配合恰当的旺旺表情效果更好。图4-1 所示为正确的迎客说词。

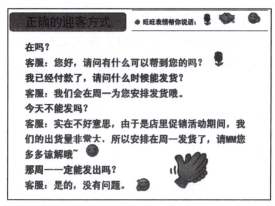

图4-1　正确的迎客说词

2) 询问：主动询问客户有什么需求，如"您好！请问有什么可以为您效劳的?"。

3) 解答咨询：提供专业的解答及服务承诺；寻找共鸣点，扩大沟通范围，淡化交易存在。解答时并不是照着产品单页、产品资料打字，而是应当在大体了解客户喜好、客户需求后，针对客户的喜好和需求进行推荐。

4) 提醒客户是否还有其他需求，尽量做好关联销售，提升客单价。如："我们店最新款的羽绒童装已经上市了，卡通形象非常漂亮，如果您感兴趣，可以去看看。自己买和送人都不错哦！"。图4-2 所示均为关联销售的说词。

5) 引导客户下单，在客户下单时一定不能干扰客户做决定，更不能催促客户下单，否则会引起客户反感。如："你的眼光不错！这款是目前最热销的。您穿上一定很好看！这个款式是很流行的，面料手感也很好。""不要错过这个机会哦！点击立即购买，宝贝就是你的啦！"

6) 跟踪订单，核对订单。在客户下单后及时和客户核对商品信息、物流信息等，并告知客户本店常用快递和运费情况，避免引起售后不必要的纠纷。

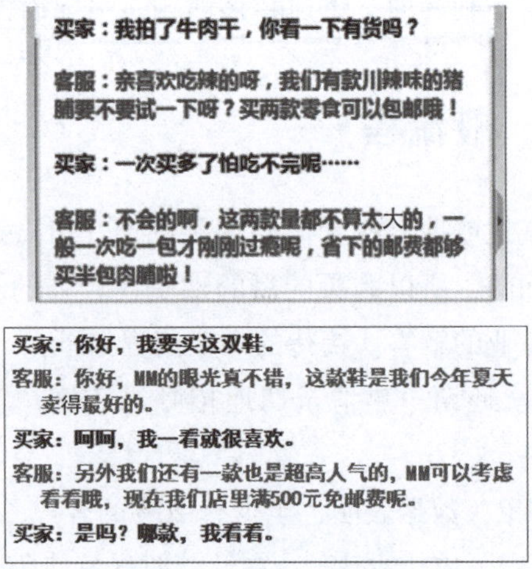

图4-2　关联销售说词

7）对客户表示感谢，欢送客户，送祝福语给客户，欢迎客户下次光临。尽量添加客户为好友，做响应分组以便客户管理，并委婉提示客户收藏店铺。如："好的，非常感谢您的惠顾与支持！期待您的再次光临。再见！""期待收藏我们的店铺哦！这样您有需要就方便多了。"

三、客户接待的常用话术

客服应经常收集整理一些接待服务的标准话术，也可以根据自家店铺商品的特点、优势进行修改、调整、充实，这样会使你显得更加专业，让客户与你交流时觉得舒服、舒心，给客户留下良好、深刻的印象。表4-1罗列了一部分客户接待常用话术，可供参考。

表4-1　客户接待常用话术

环节	参考话术
迎接问好	例句1：您好！欢迎光临，很高兴为您服务！ 例句2：您好！请问有什么可以为您效劳的？ 例句3：您好，请问您有什么问题需要咨询呢？我很乐意为您解答。 例句4：您好，×××店欢迎您！很高兴为您服务！……，如果喜欢我们的产品，记得收藏我们的店铺哦！
商品咨询	例句1：感谢您的信任，那我就给您推荐几款吧，但纯粹是个人意见哦。 例句2：您的眼光真不错，我个人也很喜欢您选的这款。 例句3：请告诉我具体尺寸，或者您也可以根据我们的"尺码表"进行对照挑选。 例句4：亲的身高体重多少？平时穿什么尺码？让小二帮亲参考下哦！

续表

环节	参考话术
引导催促	例句1：您要这种型号还是那种型号？这款还是那款？ 例句2：您的眼光不错，这款是目前最热销的，刚刚才有顾客买了一件。 例句3：您还有什么不了解或者不明白的地方吗？ 例句4：不知道您要考虑什么样的问题呢？是价格方面的原因吗？ 例句5：这是最后一件哦，要买得赶紧了，呵呵。 例句6：忘了告诉您，我们这几天正好在促销，优惠很大的哦。
安抚客户	例句1：抱歉让亲久等了，现在咨询量大，回复比较慢，谢谢亲的耐心等待。 例句2：现在有多位顾客咨询，我正逐一解答，并非有意怠慢，请亲理解哦。
讨价还价	例句1：呵呵，您真的让我很为难，我去请示下主管，看能不能给您打个折，不过估计会有点难，您稍等哦。 例句2：价格是应该考虑，但我们认为价值也同样重要呢，价格和价值是成正比的哦，所以，我们宁可一时为价格解释，也不要一世为质量道歉。 例句3：我非常理解，在购买产品的时候大家都很看重价格，但是在整个产品的使用过程中大家会更在意这个产品的品质，所以我相信您会做出正确的判断。 例句4：我们都知道好货不便宜，便宜没好货，其实如果我们换一个角度来看，最好的产品往往也是最便宜的，因为您第一次就把东西买对了不用再花冤枉钱，而且用的时间久，带给你的价值也高，您说是吗？ 例句5：非常感谢您的惠顾，不过，网上店铺的各项成本也不低，对于初次交易我们确实都是这个价格的，以后不论是您再次购买或者是介绍朋友来购买，我们都是会根据不同金额给予优惠的。 例句6：这个价格已经是我们的最低价了，实在没办法啊，呵呵，请您多多理解。麻烦您考虑下哦，需要的话请联系我或直接拍下，谢谢！
促成交易	例句1：请稍等，我需要看一下库存单，麻烦您稍等。 例句2：购买多款商品的话，建议您使用购物车，将商品添加到购物车后一并购买支付，只统一收取一个运费，这样您的邮费就不会重复支付啦。 例句3：亲的时间很宝贵，如果对我们的产品感兴趣的话，还请尽快拍下付款哦，我们就可以马上为您安排发货了。 例句4：这款是我们的镇店之宝哦，评价和销量都非常不错，而且这款产品的库存也不多了呢，喜欢的话要抓紧购买哦，不然就没货了。 例句5：这款销得很好的，我们也不能保证一直有货的，需要的话还请您尽快决定哦。 例句6：亲，假设您现在购买，还可以获得小礼品。活动期间才有这样的优惠哦，亲及时决定就不会错过这么大的优惠了……否则会很可惜的哦。
成交发货	例句1：请稍等，改好价格后我通知您！谢谢支持！ 例句2：您好，价格修改好了，一共×元，请您先核对再支付，谢谢！ 例句3：请问，是按照下面提供的地址为您发货吗？ 例句4：我会及时安排您的宝贝发出，请您手机处于接通状态，方便快递业务员将产品及时准确送达您的手中，谢谢合作！

续表

环节	参考话术
成交发货	例句5：您好，已经看到您支付成功了。我们会及时为您发货的，感谢您购买我们的商品，有需要请随时招呼我。 例句6：您好，物流公司的发货效率是我们无法控制的，希望您能理解。
礼貌告别	例句1：不客气，期待能再次为您服务。祝您晚安好心情。 例句2：亲，感谢您购买我们的产品，合作愉快，欢迎下次光临。 例句3：不客气哦，为你服务很高兴，祝你购物愉快！ 例句4：感谢您的信任，我们会尽心尽责地为您服务，祝我们合作愉快！
售后服务	例句1：您好，请问我们的产品或服务有什么地方让您不满意吗？ 例句2：很抱歉给您添麻烦了，由于快递公司的原因给您带来不便，我们表示深深的歉意。我们公司实行无条件退换商品，请您放心，我们一定会给您一个满意的答复。 例句3：亲，您好！有关退换货、发货及快递问题请联系我们的专业售后客服，他们会为亲处理的，望亲耐心等待，感谢您的支持和理解！ 例句4：非常感谢您提出的宝贵建议，我会在第一时间将您的问题反映给相关负责人，给您一个满意的答复。 例句5：假如我们的工作给您带来不便，请您原谅，希望您可以告诉我具体情况，以便我们及时改进及处理。 例句6：非常感谢您一直的支持，我们的成长需要大家的鼓励与指导，我们在很多地方做得不够完善，给您带来不便，对此表示真诚的道歉。

在接待过程中，客服应注意不要使用一些禁忌语或者服务禁语。比如说："你可能不明白……""你肯定弄错了……""这不可能的……""你平静一点……"，这些句型应避免使用。另外，多用"我"代替"你"，也会起到更好的沟通效果。如一般人习惯说"你没有弄明白，这次仔细听好了。"，将之换成专业的表达"也许我说得不够清楚，请允许我再解释一遍。"，这样会大大缓和原本紧张的气氛。表4-2罗列了一部分专业表达话术，可供参考。

表4-2 专业表达话术

习惯用语	专业表达
您要的那个产品卖完了。	由于需要的顾客多，您需要的这款产品我们暂时没货了。
您问来问去还是这类问题。	您的这些问题很相似。
我不想给您错误的建议。	我想给您一些正确的建议。
您叫什么名字？	请问，应该怎么称呼您？
您必须……做……	我们希望您能按照……的流程来操作，这样可以更快、更好地解决问题。

续表

习惯用语	专业表达
您理解错了，不是那样的!	对不起，我可能没有说清楚，但我想这中间会有些不同，我来补充解释一下。
如果您想解决问题，就必须……	我十分愿意为您提供帮助，但首先我需要……
您的操作不正确。	来，让我们看看问题到底出在什么地方，然后一同来解决这个问题，好吗?
不! 不是你想的这样。	您的疑虑是正常的，发货前我们会严格地检查，您完全可以放心使用。
您的包裹我也不知道到哪儿了。	亲，别着急，请告诉我您的购买日期和快递单号，我来查询一下快递的配送情况，尽快给您一个答复。
您没听明白吗? 我已经说得很清楚了。	不好意思，也许是我说得不够清楚，请允许我再解释一遍。
我们有我们的处理流程，所以，您必须……	我十分愿意为您提供服务，但首先我需要……

课堂演练 4-1

网店客服沟通能力训练

以下均为模拟对话，测试客服人员的接待能力。请根据客户的信息进行相应的回应。

1. 客户：你好!

客服：

2. 客户：你们卖的都是正品吗?

客服：

3. 客户：我已经支付好了，请看一下!

客服：

4. 客户：你们能不能包邮啊?

客服：

5. 客户：我要退货!!!!

客服：

6. 客户：你们的东东比别家都贵啊?!!!

客服：

7. 客户：贵店现在有什么活动呢?

客服：

8. 客户：气死了！等了这么久没人理我！！！人都哪去了！！！！！

客服：

9. 客户：我觉得那件红色的比较适合我，你觉得呢？

客服：

10. 客户：再给我打个九折我就马上下单！你看着办！

客服：

11. 客户：你们家发货怎么这么慢呀？我还没收到货。

客服：

12. 客户：我再考虑考虑。

客服：

13. 客户：我想给我男朋友买件衣服，你推荐下。

客服：

客户：他是公司白领。

客服：

客户：身高175cm，体重70kg。

客服：

客户：颜色无所谓啦。

客服：

客户：价格嘛，500元左右。

客服：

客户：好的，我看看。

任务二　处理异议

案例导入

老太太买李子

　　一个老太太来市场买李子，两个小贩都向老太太兜售自己的李子。她来到一个小贩的水果摊前问道："这李子怎么样？多少钱一斤？"小贩答："我的李子又大又甜，特别好吃。现在特价5元一斤。"老太太摇了摇头说道："太贵了！"，然后向另外一个小贩走去。她向这个小贩问道："你的李子怎么样？什么价格？""我这里有两种李子，您要什么样的李子？"第二个小贩答。"我要买酸一点儿的。""我这篮李子又酸又大，咬一口就流口水，5.5元一斤，您要多少？""来一斤吧。"

　　老太太嫌第一家5元的李子太贵，却在第二家买了5.5元的李子，为什么？

一、客户异议的定义

客户异议是指在销售过程中，客户对销售人员的不赞同、提出质疑或拒绝。常见异议辞有："价格太贵了!""质量能保证吗?"等。

作为客服人员，不要害怕客户的异议。俗话说："挑客才是买客，嫌货才是买货人。"客户提出异议是销售中必然的现象，客户的异议既是销售的障碍，同时也是成交的机会。客户对产品提出异议，证明客户在思考你的建议，并希望进一步了解，他感兴趣才会挑剔。用一位美国商人的话来说："那些购买我产品的人是我的支持者；那些夸奖我的人使我高兴；那些向我埋怨的人是我的老师，他们纠正我的错误，让我天天进步；只有那些一走了之的人是伤我最深的人，他们不愿给我一丝机会。"

处理异议

二、客户异议产生原因

要想有效地处理客户异议，首先要明确异议产生的原因，才能"对症下药"。客户产生异议的原因是多方面的：

1. 客户自身的原因

由于客户自身的认知能力、购物习惯、经济水平等不同，会对导购及所推荐的商品提出一些异议，主要有：客户是否需求；无钱购买或不想购买；导购的销售行为与客户的购物习惯不一致时，客户也可能提出反对意见等。

2. 商品方面的原因

由于商品的质量、功能、造型、式样、包装、价格等不能令客户满意，而引起客户异议的情况也经常会遇见。如销售过程中最常见的就是价格异议。客户对商品的价格最为敏感，即使商品的定价比较合理，客户仍会抱怨。在客户看来，讨价还价是天经地义的事。

3. 服务人员方面的原因

如果服务人员在沟通过程中态度、举止不当，以不实的说辞哄骗客户，或者使用过多的专门术语让客户感觉不愉快，进而产生抗拒心理，最终也会引发大量的异议。

三、客户异议的分类

通常，有三种不同类型的异议，客服人员应该认真辨别。

1. 真实异议

真实异议是指客户提出异议是有事实依据的，因而是真实有效的。比如客户说："我看评价说这款衣服会缩水。"这是客户由于对商品不了解而产生的真实的担心。

面对真实异议，服务人员必须结合具体情况妥善处理，做出积极的响应，或有针对性地补充说明商品的有关信息，或对商品存在的问题比较分析和做出负责任的承诺。

2. 虚假异议

虚假异议是指客户提出的异议是违反客观事实的，因而是虚假的、无效的。比如，客户并非真正是对商品不满意，而是为了拒绝购买而故意编造各种反对意见和看法，这是客户对推销活动的一种虚假反应。一般情况下，对虚假异议，客服人员可以采取不理睬或一带而过的方法进行处理。因为即使服务人员处理了所有的虚假异议，也不会对客户的购买行为产生促进作用，故虚假异议又称无效异议。

3. 隐藏异议

隐藏异议是指客户并不把真正的异议提出，而是提出各种真的异议或假的异议，目的是要借此假象达成隐藏异议解决的有利环境。例如客户希望降价，却提出其他如品质、外观、颜色等方面的异议，以降低产品的价值，从而达成降价的目的。

 阅读材料 4-1

常见的价格异议

1. 我买人家大牌香奈尔都打折，你们还不是一线品牌，为什么不能打折？

小姐，作为客户的立场，我很能理解您的心情，您的要求也是相当一部分客人的要求，但如果我们换一种方式思考这个问题：我们始终不打折其实也是对您的一种保证，不希望您原价买的东西过段时间就贬值，您又是我们的 VIP 客人，可以 10：1 积分换购我们的产品，而且给您的 9 折已经是最优惠的折扣了，加在一起等于是变相给您打了个 8 折，还是很优惠的！再说，虽然我们不是一线品牌，但是我们面料的供应商是和一线品牌一样的，品质感是一样的，但是价格就亲民了很多啊，您觉得呢？

2. 你们现在活动送超细羊毛针织衫，这个会不会是你们卖不掉的东西当赠品啊？

您好，您的疑虑的确是有一些客人反映过，不过您可以看一下我们的评价。这款赠品，它的手感可比普通的羊毛衫要柔软多了，而且是不是很轻薄啊，因为它是超细的纱线织成的，可以贴身穿着不刺痒，同时又没有负担，其实，这件单品是我们的畅销品，而作为赠品是想让更多的客户能体验到好的面料给他们带来的舒适度，您觉得呢？

3. 我经常来买你们家的衣服，也没有见你们送东西！

嗯，您确实是我们家的老客户了。可惜我们现在没有做什么活动，您可以给我们留一份资料，如有推广活动我们可以通知您，您看好吗？（同时向客户介绍店铺有过的推广活动）。

4. 这么贵，这种款式别人家也有，价格比你们便宜好多。

款式类似的产品确实有，这方面我们也了解过。不过在工艺和面料上都有一定的区别，像这件衣服用的是……所以价格方面请您放心，如果是完全一样的产品，不同的价格，客户也会接受不了的啊，对吗？

四、处理异议的方法

销售的过程本身就是一个"异议—同意—异议"的循环过程，每一次交易都是一次"同意"的达成，以下几种方法可以较好地解决异议。

1. FFF法

FFF法：即感觉（Feel）客户的感受（Felt）去找到（Find）客户的需求。3F法是站在客户角度考虑问题的方法，因为销售重点在于改变客户的原有观点，让他认同促销员和商品。如下例：

客户："你家产品的价格太高了。"

服务人员："我明白您的感受，很多客人刚开始和您的感受是一样的，通过使用他们才发现，我们的产品寿命比别的产品长，比买其他的产品更划算。"

2. 顺应法（是的……如果……）

人有一个通性，不管有理没理，当自己的意见被别人直接反驳时，内心总是不痛快，甚至会被激怒，尤其是遭到一位素昧平生的人的正面反驳。屡次正面反驳客户，会让客户恼羞成怒，就算你说得都对，也没有恶意，还是会引起客户的反感。因此，服务人员最好不要开门见山地直接提出反对的意见。在表达不同意见时，尽量利用"是的……如果"的句法，用"是的"同意客户部分的意见，"如果"表达在另外一种状况下是否这样比较好。

请比较下面的两种说法，感觉是否有天壤之别。

A："您的想法不正确，因为……"

B："您有这样的想法，一点也没错，当我第一次听到时，我的想法和您完全一样，可是如果我们做进一步的了解后……"

如下例：

客户抱怨："这款手机功能真是强大，设计也非常棒，可惜体积大了一点。"

服务人员："是的，您说得很有道理，确实大了一点。但强大的功能肯定需要更多的硬件配置，至少屏幕就需要大一倍，如果太小，您使用就不方便了。"

3. 太极法

将客户拒绝的原因转变为说服他想买的原因，就好像太极中的借力使力。

如下例：

（1）客户："我这种身材，穿什么都不好看。"

服务人员："每一种身材都有适合的衣服哦，我们家这款衣服特别修饰身材，您可以试试看！"

（2）客户："评价里都说你们的油烟机使用时噪声有点大。"

服务人员："是的，正是因为我们的油烟机转速快，功率大，油烟才吸得干净，所以噪声大一点。油烟机里的电机带动叶轮旋转吸烟时一定是要发出声音的，工作原理都差不多，不同品牌的噪声水平也不会相差太多。"

4. 询问法

询问法在处理异议中扮演着两个角色，通过询问，一可以把握住客户真正的异议点，二能避免直接回答客户的反对意见，以免引出更多的异议。

如下例：

（1）客户："我希望您价格再降百分之十！"

服务人员："我们的产品和服务都是业内领先的，所以性价比相当高，您一定不希望我们的服务品质也打折吧？"

（2）客户："这台健身机的功能，好像比别的品牌的要差。"

服务人员："请问您为什么会有这个感觉呢？"

5. 补偿法

当客户提出的异议有事实依据时，你应该承认并欣然接受，强烈否认事实是不明智的举动。但记得，你要给客户一些补偿，让他取得心理上的平衡，也就是让他产生产品性价比相对合理的感觉。产品的优点对客户是很重要的，产品没有的优点对客户而言是不太重要的。

如下例：

（1）客户："这个产品别的方面还不错，就是看起来包装有些粗糙。"

服务人员："您说得没错，这个包装确实不太精致，但如果质量好再加上豪华的包装，价格恐怕要高出不少呢！"

（2）客户："这个皮包的设计、颜色都非常棒，令人耳目一新，可惜皮的品质不是顶好的。"

服务人员："您真是好眼力，这个皮料的确不是最好的，若选用最好的皮料，价格恐怕要高出现在的五成以上。"

 **阅读材料 4-2**

关于面料的客户异议处理

1. 大衣用棉做里料，看上去很廉价的。

小姐，您真细心，衣服的里料确实是体现衣服品质很重要的一个方面。我们的棉里料全部采用高品质的全棉，支数达到 60S、80S 甚至 120S，价格非常贵，很多品牌都拿来做面料。全棉做里料不会起静电，穿着很舒适透气。如果您穿中袖的话，手伸进去会很舒服，但化纤的就会很闷，会起静电。这样既能穿着舒适，又有品质感，两全其美，不是更好，您说是吗？不信您试试看！

2. 这个麻的面料很容易皱的。

小姐，您很专业，是的，麻确实相对容易皱。但您要买麻，就要接受它的皱，皱也是一种生活态度，体现了放松、不受约束的感觉。而且麻的吸湿、透气性很好，穿起来非常舒服，还有抗菌保健的作用呢。

3. 羊毛衫很容易起球吧？

嗯，您很有经验，起球确实是羊毛衫的特性，有些号称不起球的羊毛衫是添加了一种称为抗起球纤维的化纤，或经过特殊处理，穿着就肯定没有天然羊毛舒服了。只要您背包什么的注意点，减少摩擦，就能在很大程度上防止起球的。而且这个是超细羊毛的面料，上身很舒服，一点都不扎身哦。

课堂演练 4-2

异议处理

请根据下面客户的异议，采用不同的异议处理方法模拟正确的回答。

（1）客户："韩都衣舍？没听过这个品牌。"

（2）客户："你们店的衣服太花了。"

（3）客户："我再考虑考虑。"

（4）客户："这也太贵了吧，能再优惠点吗？"

（5）客户："这个款式过时了！"

课堂演练 4-3

课堂抢答：解决客户异议

1. 教师准备多张索引卡，上面列举一些客户服务过程中可能出现的异议情况。

2. 学生随机抽取索引卡，并大声读出卡上列举的异议问题。（例如：很多人认为你们的产品是暴利。）

3. 学生快速自然地给予回答。

4. 根据学生表现进行点评、评分。

5. 教师总结。

任务三　促成交易

案例导入

为客户"买产品"

国内一家大型保险公司广东分公司的营销总监曾公开说："我虽然身在保险行业，但我从来不卖保险。我专门买保险，为我的客户买保险。"

身为保险行业的精英，在保险行业摸爬滚打 20 多年，对各种保险业务烂熟于心，他提出的"为客户买保险"的概念，的确深得保险业务的精髓。从这里，我们可以这样理解营销的本质：所有的东西都不是"卖"出去的，而是客户"买"回去的。营销当然也不例外，所以说，营销人员"卖产品"就是为客户"买产品"。

营销人员为客户买产品的机会在哪里？就是客户的问题及需求。营销人员的职责就是，和客户一起发现客户工作和生活中的问题，明确客户的真正需求，并同客户一道寻求解决问题、满足需求的途径，从而来促成交易。

一、分析客户的购买心理

客服工作面对的是各种各样的人群，他们性别不同、年龄不同、性格不同，需求也不同，所谓知己知彼百战百胜，客服需要从心理学层面去了解自己的客户真正需要的是什么，真正想要购买的是什么，瞄准目标，一击即中。从心理学角度出发，客户购买商品时希望通过购买商品和服务来获得解决问题的方法和"愉快的体验"。

"愉快"代表的就是在交往过程中，客户内心的感受；而"体验"则是产品带给客户的使用价值。这样就简单多了，服务人员只要抓住这两点就行了。

促成交易

第一，在与客户的交往过程中，尽量创造轻松自在的氛围，给客户留下"愉快"的感觉。

第二，为客户选择合适的产品，帮助客户解决问题，满足客户的实际需要。

"愉快的体验"其实就是从两个方面赢得客户，"愉快"是感觉，即感性层次；"体验"就是运用，即理性层次。具体来说，客户决定购买某样东西时，一般会有以下几种心理状况。

1. 求实心理

所谓"实"就是实用、实在、真实，这是大多数客户购买一样东西时最基本的，也是最原始的考虑。求实心理以追求产品的实用性为主要购买目的，即某样产品能够解决实际问题，如菜刀切菜、羽绒服保暖、雨伞遮雨、手电筒照明等。实在就是要求产品价格合理，在自己的预算之内，每一样产品因为本身的材料、做工、技术含量等不同，其本身的价值也就不一样，所以价格各异，客户选择购买某样产品时，一定会根据个人的经济承受能力选择适合自己的产品。例如，同样是手表，便宜的只要几十元，贵的要好几十万元，客户自身的经济条件不一样，最终的选择也就不一样。

作为客服人员，怎样才能洞悉客户是否有求实心理的购买动机呢？客户的购买心理总能通过所说所做表现出来，如图4-3所示。

客服首先要明确，这类客户的消费心理是非常理性的，他们购买商品时需要保证商品有80%~100%的可买性之后才会入手购买。对这类客户要体现出自己的专业性，以真诚、专业、求实、耐心的态度获取客户的好感，增加商品在客户心中的可买性。

1）专业性。

最让具有求实心理的客户纠结的无非是商品本身的质量，如商品的面料和组成是否符合

图 4-3　客户求实心理的表现

自己的要求，商品能否方便、快捷地使用，以及商品的各个细节是否精致等问题。这类客户的问题都集中于商品本身，所以应对这类客户的"法宝"便是客服的专业性，客服对商品的各种属性了如指掌，当客户问及商品信息的时候便能详细地进行讲解。当然，当客服对商品了解到一定的程度，对商品的喜好优劣也有了自身的见解，在为客户进行推荐时也就能更准确地把握客户需求的重点。

2）诚实。

客服要学会站在客户的立场思考问题，建议主推高性价比、爆款类产品，引导客户在收到商品后试用，让其体验产品的使用效果，用优质的服务和性价比高的产品征服客户，赢得客户的信任与认可。

面对拥有求实心理的客户，客服一定要避免夸大事实、弄虚作假，要诚实地、实事求是地说出商品的优点和缺陷，从而在一定程度上降低客户的期望值。如果以欺瞒的方式赢得客户的购买，当重视商品性价比的客户收到不满意的商品时，就可能会产生纠纷、投诉、退货等不良后果。

2. 求美心理

所谓"美"就是美丽、健康，现代人买东西都喜欢有个漂亮包装，买衣服讲究颜色、款式，一盘菜中间还要雕个萝卜花、摆上一两片生菜叶做点缀，这一切都是为了满足客户求美的心理。这类客户是典型的"外貌协会"会员，以追求商品的美感为主要购买目的，重点关注商品的款式、色彩、时尚性以及商品的包装等艺术欣赏价值。除了商品本身的美，这类客户还注重广告创意的新颖等，满足他们对求美心理的需要。这类客户的心理年龄普遍偏年轻，对时尚、潮流的理解比较前沿，且以女性居多。

在实际的客服工作中，应该如何区分他们呢？具体如图 4-4 所示。

客服在应对该类客户时，要注意倾听客户对自己所需商品的描述，是不是常常说到"好看""漂亮""时尚"等字眼。如果客户常常提到这些字眼，那么就可以将他归纳到求美心理的客户之中。客服要推荐适合他们的商品，并尽可能展现商品的外在优势，多一点对客户的夸奖和肯定。

图 4-4　客户求美心理的表现

1）推荐时尚、漂亮的商品 。

客服可以与客户探讨时尚、潮流方面的话题，逐步切入要推荐的商品。尽量推荐店内款式比较时尚前卫、颜色独特的商品，并结合当今流行趋势，专业地强调设计师的思路、设计风格定位，主推当季最新时尚款。在向客户销售的过程中，尽量展示商品的美感效果。

2）夸奖、肯定客户。

当客户选购好了自己心仪的商品，却疑惑商品是否好看、是否适合自己时，客服要记住，客户需要的绝不是你的否定，他们无非是希望自己的选择得到肯定和注意。这类客户本来就对商品的外在要求严格，如果客服随意否定，会让客户觉得自己的审美受到了质疑，所以适当地夸奖客户是很有必要的。

3. 求名心理

以表现身份、地位、价值观为主要购买目的，注重品牌、价位、公众知名度的购买心理，我们称为客户的求名心理，即只关注名牌产品。这类客户经济购买能力和品牌意识非常强，且虚荣心、自尊心也非常强，注重面子，在交谈时会频繁谈及自己购买名牌的经历等话题。在这类客户中，他们有的确实经济条件好，经常购头名牌产品，但也有不少经济条件并不富裕，但在选购产品时却趋向于名牌产品，他们希望把自己表现得很富有、很有品位。

在实际的客服工作中，应该如何区分他们呢？具体如图 4-5 所示。

图 4-5　客户求名心理的表现

本着求名心理购买商品的行为在一些年轻人群体中很普遍。在他们的心里，吃、穿、住、行使用名牌，不仅提高了生活质量，更是一种社会地位的体现。正是在这样的心理驱动下，他们对名牌的信任和追求在购物过程中表现得十分明显。然而这类人群是很敏感的，客服在与他们交流时若是回复慢了，话语不得当都会让其生气。面对这类客户，客服要学会顺势而为，即顺着客户的意愿去完成自己的工作，促成其购买。

1）介绍自己推荐的品牌。

客服要了解自己的品牌文化，重点向客户介绍品牌的历史、品牌内涵，以及品牌在行业内的地位与知名度，引起客户对该品牌的兴趣，让客户从心眼里认可你的品牌，认为有购买这个品牌的必要。

2）不断地认同客户。

以求名心理为主导的这类客户，他们在购买商品时属于比较理智的类型，不会无端消费，自我意识很强，说话口气强硬。客服在为这类客户推荐商品时要善于恭维和赞美，推荐产品时要顺从他，先赞同他的建议，有异议时也要先顺从他，不能正面冲突，给足面子，让其虚荣心彻底得到满足，高高兴兴地将商品买走。

4. 求速心理

以追求快速、方便为主要购买目的，注重购买的时间和效率，这种心理我们称为求速心理。这类客户通常比较繁忙，时间意识比较强，性格爽快、为人随和，但性子有点急，几乎都想利用最短的时间、最简单的方式购买到优质的商品。这类人通常集中于20~30岁的白领阶层，以男性居多。他们对商品的价格不会太在意，只要能保证商品的质量和购买速度即可。

在实际的客服工作中，应该如何区分他们呢？具体如图4-6所示。

图4-6 客户求速心理的表现

客服首先要意识到这类客户他们的购买意识是很强的，他们视时间如珍宝，如果没有90%的购买欲望，他们是不会浪费时间网购的，所以这类客户的成交率是很高的。因此，客服在工作中一定要善于抓住这类客户的心，他们不仅能保证成交量，还能节约客服的工作时间。

1）化被动为主动。

既然客户在购买商品时希望尽可能多地节约时间，迅速达成交易，那么客服就不能再被动地等待客户的询问了，一问一答的商品介绍方式并不适合这类客户去了解商品，应化被动为主动。

2）直截了当的销售方式。

与这类客户交流时，客服切忌话太多，所说的每一句话都应是有用的。这类客户愿意在与客服交流的过程中浪费时间，却不愿意客服浪费他的时间，所以客服在销售的时候可以将适合客户需求的商品罗列出来，让客户挑选或体验。当客户犹豫不决时，应主动为客户做主，并做出售后服务的承诺，让客户放心、安心，直截了当，迅速成交。

5. 求廉心理

人们在消费过程中，都希望用最少的付出换回最大的效用，获得商品更多的使用价值。追求物美价廉是常见的消费心理，"少花钱多办事"的客户心理动机的核心是廉价和实惠。这类客户在选购商品的过程中总会选择价格较为低廉的商品，即以获得超值、低价产品为主要购买目的，注重产品的实惠与廉价。客服可以通过以下特征来区分他们，如图 4-7 所示。

图 4-7 客户求廉心理的表现

该类客户经济比较拮据、购买能力普遍偏低，但又有购买品牌商品的欲望，因此对价格比较敏感，精打细算，贪图便宜。平常一般很难接受正价或高价位的商品，而对促销活动的特价商品却情有独钟，往往留意的都是商品降价等信息。

在与这类客户的实际交流中，客服应适当在心理上对其进行鼓励，热情接待，利用更多的优惠办法或礼品留住客户。在推荐特价商品或折扣优惠较大的商品时，再附加赠送一份小礼品，让其满意而归。同时，还要强调尽管商品优惠，品质与服务却不打折，让客户放心。

6. 求同心理

在超市购物常常看到这样的现象，一个促销摊出现一两个人选购，可能没人在意，但当这个促销摊围满了十个人，便会有二三十个人，甚至更多的人去购买。明明知道商品的价格并没有大幅度下降，可你仍然愿意跟随大众的步伐去购买，这就是客户购买商品的另一个心理因素——求同心理。

网络平台的开放性让信息的传递十分便利，信息的互动和分享让互不相识、相隔万里的客户可以随时随地分享自己的购物体验，而普通客户一般以什么为参考来衡量自己购买的商品是否优质呢？当然是大多数人对这个商品的评价，尤其是一些名人的使用评价对客户的购买有着更重要的影响，如×××推荐、×××同款等。

客户在购买商品时的求同心理，即以追求与名人或大众消费相同为主要目的的购买心理，也就是我们常说的从众心理。该类客户趋向于"跟风"和凑热闹，更多人说好时他也觉得好，更多人购买时他也购买，没有特定的自我购买要求，对产品的判断力和主张性不强。他们具有以下特点，如图4-8所示。

图4-8　客户求同心理的表现

在实际销售中，客服应对他们要主推畅销款，强调很多人都已购买，而且购买后非常满意。既要采用数据效应，让客户认识到某款商品的品质已得到大众的认同；又要采用稀缺效应，让客户感觉到商品的畅销度，以及经常断货、缺货的紧张气氛。其实面对这类客户，客服不需要过多地介绍商品，销量和评价便可以让客户信服，客服的言辞应巧妙地利用"从众"心理，让客户在心理上得到依靠和安全感。

7. 求惯心理

网上购物有一种习惯性心理，这类客户往往注重自己偏爱的品牌和款式，对即将购买的商品充满了信任感，我们将这种购买心理称为求惯心理。在选择商品时，他们会根据自我的兴趣偏好进行选择。换句话说，这类客户有特定的购物习惯。客服可以根据以下信息对抱有这种购买心理的客户进行区分，如图4-9所示。

客服应及时调出客户以往购买的记录，了解客户以往购买商品的款式、颜色喜好，为客户推荐他们所偏爱的商品。当然，客户的喜好会随着时间变化，但客服的推荐不仅不会让客户感到不适，客户还会因为客服对自己的关注而感到温暖贴心，加深对客服的好感。同时，客服还要利用客户的消费积分以及会员权益等手段，来促进客户的重复购买。

图 4-9　客户求惯心理的表现

这类客户大部分是门店的 VIP 客户，他们性格保守、执着，不容易接受新的事物，对品牌或网店的忠诚度极高，而且对网店的长期贡献较大，因此必须高度重视，尽全力做好"一对一"服务。

8. 求安心理

求安心理是一种追求安全、健康、舒适，注重产品的安全性、舒适性与无副作用的消费心理。抱有这类购物心理的客户自我呵护与健康意识极强，客服可以根据以下信息对这类客户进行区分，具体如图 4-10 所示。

图 4-10　客户求安心理的表现

这类客户普遍性格谨慎，对商品的质量比较敏感，对商品的品质要求很高。对此客服应善于利用专业知识向客户强调商品的安全性与环保性，借助官方权威的证明，如为客户播放商品的制作过程和实验流程，让客户从视觉、听觉上亲身体验商品的安全保障。此外，客服还可以主动介绍商品使用的注意事项，专业地普及商品知识。

以上对客户购买的各种心理做了一个简单的分析，至于具体到每一次的购买行动中，客户的心理还要微妙、复杂得多，并不是单个的心理起作用，而是多种心理联合起作用。

 **阅读材料 4-3**

销售人员的故事

有家公司的总经理很奇怪地发现，他的某位雇员一天竟然卖了 30 万美元，于是他便去问个究竟。

"是这样的，"这位销售员说，"一个男士进来买东西，我先卖给他一个小号的鱼钩，然后告诉他小鱼钩是钓不到大鱼的，于是他买了大号的鱼钩。我又提醒他，这样，不大不小的鱼不就跑了吗？于是，他就又买了中号鱼钩。接着，我卖给他小号的渔线、中号的渔线，最后是大号的渔线。接下来我问他上哪儿钓鱼，他说海边，我建议他买条船，所以我带他到卖船的专柜，卖给他长 20 英尺有两个发动机的纵帆船。他告诉我说他的车可能拖不动这么大的船。于是我又带他去汽车销售区，卖给他一辆丰田新款豪华型'巡洋舰'。"经理后退两步，几乎难以置信地问道："一个客户仅仅来买鱼钩，你就能卖给他这么多东西啊？"

"不是的，"这位售货员回答说，"他是来给他妻子买针的。我就问他，'你的周末算是毁了，干吗不去钓鱼呢？'"

二、促成交易的方法

在销售过程中，要与客户达成交易，服务人员需要具备一些促成交易的工作技巧。

1. 利用"怕买不到"的心理

人们常对越是得不到、买不到的东西，越想得到它、买到它。你可利用这种"怕买不到"的心理，来促成订单。当对方已经有比较明显的购买意向，但还在最后犹豫中的时候可以用以下说法来促成交易："这款是我们最畅销的了，经常脱销，现在这批又只剩 2 个了，估计不要一两天又会没了，喜欢的话别错过了哦"或者"今天是优惠价的截止日，请把握良机，明天你就买不到这种折扣价的了。"

2. 利用客户希望快点拿到商品的心理

大多数客户希望在付款后越快寄出商品越好。所以在客户已有购买意向，但还在最后犹豫中的时候，可以说："如果真的喜欢的话就赶紧拍下吧，快递公司的人再过 10 分钟就要来了，如果现在支付成功的话，马上就能为你寄出了。"这对于可以用在线支付的客户尤为有效。

3. 采用"二选其一"的技巧来促成交易

譬如，你可以说："请问您需要第 14 款还是第 6 款？"或是说"请问要平邮给您还是快递给您？"，这种"二选其一"的问话技巧，只要准客户选中一个，其实就是你帮他拿主意，下决心购买了。

4. 帮助准客户挑选来促成交易

许多准客户即使有意购买，也不喜欢迅速签下订单，他总要东挑西拣，在商品颜色、规格、式样上不停地打转。这时候你就要改变策略，暂时不谈订单的问题，转而热情地帮对方挑选颜色、规格、式样等，一旦上述问题解决，你的订单也就落实了。

5. 巧妙反问促成订单

当客户问到某种商品，不巧正好没有时，就得运用反问来促成订单。举例来说，客户问："这款有金色的吗？"这时，你不可回答没有，而应该反问道："不好意思，我们没有进货，不过我们有黑色、紫色、蓝色的，在这几种颜色里，您比较喜欢哪一种呢？"

6. 积极推荐促成交易

当客户拿不定主意、需要你推荐的时候，你可以尽可能多地推荐符合他的要求的款式，在每个链接后附上推荐的理由。"这款是刚到的新款，目前市面上还很少见""这款是我们最受欢迎的款式之一""这款是我们最畅销的了，经常脱销"等，以此来尽量促成交易。

微言微语

> 销售就是在不断的失败中摸索的行业，面对失败要坦然，面对成功要淡然，更要有不断归零的心态。

课堂演练 4-4

促成交易

请根据促成交易的技巧模拟正确的回答。

（1）客户："能给我免快递费用我就下单。"

（2）客户："我想知道红色的货还要等几天？"

（3）客户："我再转转。"

（4）客户："明天能收到货吗？"

（5）客户："还是觉得白色那款衣服不错，可惜有点贵！"

课堂演练 4-5

课堂小讨论：消费者购物心理影响因素分析

1. 教师和学生列举近期网购的若干个商品。

2. 抽取某一个商品，请购买对应商品的学生或教师聊聊购买此商品或此类商品的购物心理。

3. 总结并讨论消费者网购心理影响因素。

4. 教师点评、总结。

任务四　订单处理

案例导入

高效处理订单的必要性

据统计，淘宝卖家订单平均流失 20%，但绝大部分卖家都很少关注这 20%。其实减少有效订单流失只是举手之劳而已，主要就是看卖家有没有更细心地去做，认真对待每个订单就能轻松让流失减少 30%。很多网店掌柜常常忽略拍下未付款的订单，不做催付工作使得订单有效率下降，白白流失很多订单。当然，提高订单有效性，不单只是做催付工作那么简单，这个涉及一套完整的订单系统问题。

交易管理主要指对交易流程的管理，由于交易是由买卖双方来完成的，所以在不同的环节，除了根据需要做出相应的处理外，有时还会需要对新手买家进行操作上的指导，不能因为操作上的问题导致交易无法继续进行下去。在"已卖出的宝贝"里，管理系统根据交易双方的完成情况，显示出不同的交易状态，如图 4-11 所示。

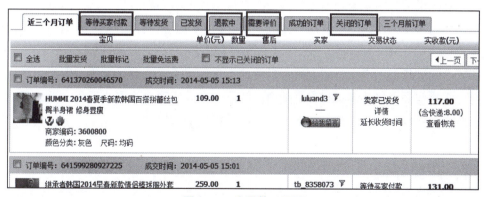

图 4-11　交易管理页面

一、等待买家付款

一旦客户出价成功，交易状态就会显示出"等待买家付款"，此时可能会遇到的情况有两种，根据具体情况来进行处理。

关闭交易：因为商家缺货或者客户的个人原因等，使交易无法继续完成，此时需要做关闭交易的操作。如果因流拍的原因导致交易关闭，但该商品还有库存，而网上的待售数量却显示为零，那么就还需要同时修改商

订单处理

品的数量，并重新上架销售。

修改价格：交易双方经过协商，对新的售价达成一致或是邮费重复计算，都需要在买方支付货款前先行修改成交价格。

二、等待发货

当客户支付成功后，卖家需要选择对应的物流公司，填入该笔交易的发货单号，及时将交易状态修改为"已发货"，因为只有在此状态下，客户才能操作确认收货，同意将货款支付给卖家。

三、退款中

一旦有客户提出退货申请，就要根据他们的退货理由来进行处理，比如在支付了货款以后才发现缺货或者因为个人原因决定取消交易，也有一些客户是在收到商品以后，以商品质量问题或者型号购买错误等理由申请退货。

买家已付款，但卖家没有发货的退款交易：像这样客户已付款，但是卖家未发货的退款交易，只要双方经过协商，达成一致后，买家可以在交易生成的 24 小时后提出退款申请。卖家有五天的时间来处理退款协议，在看清退款说明和理由后，选择同意买家的退款申请协议并输入支付密码，退款即告完成，该交易关闭，相关款项也同时退还到买家的支付宝账户里。

买家已收到货但不满意，需要进行退货的交易：当买家收到了货物，但是由于商品质量问题、实物与网上描述不符或者其他商品问题和个人原因表示需要退货，那么只要与卖家沟通协商，达成一致后，即可以在交易超时前提出退货申请。

四、需要评价

交易流程结束以后还有一个重要的工作就是对该笔交易进行评价，根据淘宝网的评价规则，一个好评计一分，中评不计分，差评扣一分，而交易平台的信用累积对客户的消费行为有积极的推动和影响，因此，每一笔成功的交易都要及时给予对方评价，图 4-12 所示为淘宝信誉体系。

五、关闭的订单

淘宝交易状态显示"交易关闭"，是指交易已经完结，并且没有成功。交易关闭有两种情况：第一种是买家未进行付款，后续买家/卖家主动关闭了交易，或者超时买家未付款，系统关闭了交易。第二种是交易买家申请未收到货或者需要退货的退款，后续退款成功，交易关闭。

分段	等级
4～10分	❤
11～40分	❤❤
41～90分	❤❤❤
91～150分	❤❤❤❤
151～250分	❤❤❤❤❤
251～500分	♦
501～1000分	♦♦
1001～2000分	♦♦♦
2001～5000分	♦♦♦♦
5001～10000分	♦♦♦♦♦
10001～20000分	♚
20001～50000分	♚♚
50001～100000分	♚♚♚
100001～200000分	♚♚♚♚
200001～500000分	♚♚♚♚♚
500001～1000000分	♛♛
1000001～2000000分	♛♛♛
2000001～5000000分	♛♛♛
5000001～10000000分	♛♛♛♛
10000001分以上	♛♛♛♛♛

图4-12　淘宝信誉体系

任务五　售后服务

案例导入

糟糕的售后服务

张女士在某淘宝网店上购买了一件裙子，支付完毕后，等待发货，快递选择的是平邮（时效比较慢，也查不到物流状态）。过了大概半个月，没有收到，于是张女士就给他们发了一封邮件，过了半个多小时，邮件回复说，如果20个工作日没有收到，可以再联系他们。那会赶到过年，张女士心想可能会有耽误，又等了半个来月，还是没有收到。于是给他们再次发了封邮件，他们回复说，会重新再寄一件。好吧，将近一个月过去了，依然没有收到，还是发邮件询问。然后他们回复让确认下地址。张女士仔细检查了下地址，没有发现问题，为了安全起见，张女生重新更换了地址，然后修改了订单，这样他们又重新发了一次货。结果还是过了好久，依然没有收到货。最后张女士一怒之下，申请了退款，投诉该店铺并要求赔偿，还告知亲朋好友不要去该网店购买商品。

在网店经营过程中，售后服务相当重要。店家不是单单把商品销售一空就完事了，还要做好后续的服务，交易才算真正完结，因此售后服务是整个物品销售过程的重中之重。所谓"得售后者得天下"，好的售后服务会带给买家非常好的购物体验，可能使这些买家成为你忠实的用户，以后经常购买你店铺内的商品。

售后服务

一、售后问题解决流程

客服人员在处理售后问题时，应更加热情和主动，让客户感受到店铺的真诚，利用售后服务来拉近与客户的关系。

处理售后问题一般有 5 个步骤：①安抚客户。②核实信息。③联系处理。④跟踪进度。⑤回访客户。

有条件的话，建议售后出现问题多用电话沟通，少用旺旺等工具。电话沟通是最有效率的，现在网店电话基本都有录音，可以同时检验客服服务质量，以及做 KPI 的考核。

二、常见售后纠纷解决

1. 快递不到

快递不到，和买家核实什么时候买家方便收取，遇到等不及的买家可以在看到物流信息退回的时候安排给买家补发，核实后在后台备注同时和当天上班的售后留言跟踪，以便快速有效解决问题。

2. 退货、换货

发单量大的网店，退换货量也较大，对客服、库存、财务系统的协调性要求就更高。当买家告知因其收到的货物有质量问题或大小不符等需退换货时，客服需先表示真诚的道歉，然后可按图 4-13 的流程操作。注意：在接到退换货要求时必须考虑如何在让客户满意的前提下减少公司的损失。因此，客服一定要培养出良好的处理售后的习惯，先询问再解释，然后再进入处理流程。

很多客服遇到客户说宝贝有问题的退换货，马上说那给你退了。不问清原因、不做任何解释的处理十分不妥。客户有可能是对商品的某些方面并不了解，也许只是要一个解决问题的方式。毕竟，客户购买商品就表示是有购买欲望的，没有体验过商品而产生退换货就一定还有沟通空间。专业的客服人员应该努力降低退货退款率，这也是客服的价值所在。

3. 缺货

可使用如下话术进行沟通：

（1）亲，质检的时候发现有瑕疵，没敢给您发出去，正常情况下，昨天应该通知您的，管理这一事项的同事有事情没有做好交接工作，给您带来不便深感抱歉，我们以后会

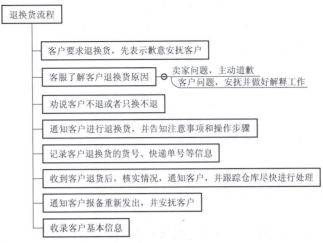

图 4-13 退换货流程

在这块做好交接的。

（2）如果您不介意，我给您推荐 2 款热销的，当然保证今天一定给亲发出去，并赠送一份小礼物，表示我们的歉意，您看可以吗？

（3）如果您没有看好的款式，您申请下退款，我这边和售后联系（留言）给您解决，再次为我们的过错真诚道歉。

4. 快递慢

可使用如下话术进行沟通：

亲，我们都是 3 点之前的货当天发出，3 点以后的非预售款式次日一定发出，这么慢，我们也很纠结的哦，这样吧亲，我马上和快递联系，给亲跟踪下哦。

5. 服务态度

客户对客服服务态度不满、产品售后服务不满产生的纠纷。这类纠纷如果是客服人员的工作态度和工作方法问题，可以通过复查聊天记录、服务过程找出问题，如属实则及时道歉，同时积极与买家协商，采取给予一定优惠券方式等进行安抚；如果是客户借故想退换货，则可以按照"七天无理由退换货"等相关规定执行。

任务六 书面沟通

案例导入

Drybar 的邮件营销

2016 年，一家名为"DRYBAR"的美发沙龙成立。虽然名为美发沙龙，但 DRYBAR 门店既不剪发，也不染发，服务员做的唯一一件事就是为顾客吹头发。DRYBAR 开业前，

创始人利用电子邮件进行营销，告诉女性顾客这里有一家专门吹头发的门店，看不到满地落发，也闻不到刺鼻的化学染发剂味道，很快就收到了 1 000 位客人的预订。DRYBAR 的邮件营销抛弃了以往商家贪婪的做法：永远希望在一封邮件中塞满更多的信息。DRYBAR 的邮件做了信息减法，一个产品的大图片、几句话的文案，让人在几秒钟就能完全消化这些信息。如果你也经常推出新产品推广邮件，不妨借鉴 DRYBAR 的方法。当推广一个新产品，你要记住：第一步，首先是让别人尽量认知你产品，而不是一开始就希望别人成为你的购买者或客户，千万别太贪心了。

一、电子邮件撰写原则

书面沟通

据统计，如今互联网每天传送的电子邮件已达数百亿封，但有一半是垃圾邮件或不必要的。在商务交往中要尊重一个人，首先就要懂得替其节省时间，电子邮件礼仪的一个重要方面就是节省他人时间，只把有价值的信息提供给需要的人。撰写电子邮件是客户服务中常见的工作，撰写时需注意以下原则。

1. 主题要明确

一个电子邮件，大都只有一个主题，并且往往需要在标题栏中注明。若是将其归纳得当，收件人见到它便对整个电子邮件一目了然了。主题要提纲挈领，切忌使用含义不清的标题，如"嘿！"或是"收着！"。

2. 开头要有问候语

电子邮件的文体格式应该类似于书面交谈式的风格，开头要有问候语，但问候语的选择比较自由，像"你好""Hi"，或者仅仅是一个简单的称呼，结尾也可随意一些，比如"以后再谈""祝你愉快"等；也可什么都不写，直接注上自己的名字。但是，如果你写的是一封较为正式的邮件，还是要用和正式的信笺一样的文体。开头要用"尊敬的"或者是"先生/女士，您好！"，结尾要有祝福语，并使用"此致/敬礼！"这样的格式。

3. 内容简明扼要、流畅

针对需要回复及转寄的电子邮件，要小心写在电子邮件里的每一个字、每一句话。因为现在法律规定电子邮件也可以作为法律证据，是合法的，所以发电子邮件时要小心，如果对公司不利的，千万不要写上，如报价等。发邮件时一定要慎重，还要定期重新审查你发过的电子邮件，评估其对商业往来所产生的影响。

4. 注意回答问题的技巧

当答复问题的时候，最好只把相关的问题抄到回件，然后附上答案。不要用自动应答键，那样会把来件所有内容都包括到回件中；但也不要仅以"是的"二字回复，那样太生硬了，而且让读的人摸不着头脑。对方给你发来一大段邮件，你只回复"是的""对""谢谢""已知道"等字眼，这是非常不礼貌的。

5. 合宜地称呼收件者，并且在信尾签名

虽然电子邮件本身已标明了邮自哪方，寄给何人，但在邮件中注明收信者及寄件者大名乃是必须的礼节，包括在信件开头尊称收信者的姓名，在信尾也注明寄件者的姓名以及通信地址、电话，以方便收信者未来与你联系。越是在大型的公司，你越是要注意在自己的邮件地址中注上自己的姓名，同时在邮件的结尾添加个人签名栏。

6. 电子邮件的构成

电子邮件由称呼、问候语、正文、祝颂语、署名、日期几部分内容构成，格式上的要求如下：

（1）称呼：称呼顶格写在第一行，然后，再在后面加上冒号。

（2）问候语：问候语要写在称呼的下一行，空两格。它可以独立成为一段。

（3）正文：正文一般分为连接语、主体文、总括语三个部分。每一个部分开头都应另起一行，空两格。

（4）祝颂语：祝颂语是表示致敬或祝贺一类的话，如"此致""祝"等。它可以紧接着正文写，也可以独占一行，空两格写。另外，在写与"此致"和"祝"相配套的"敬礼""健康"一类表示祝愿的话语时，一般要另起一行顶格写。

（5）署名：写完信之后，在信的右下角写上发信人的姓名（如邮件已设置自动签名，可省略）。

（6）日期：发信的日期可写在具名的后边，也可以另起一行（因电子邮件的即时性，可省略）。

二、电子邮件撰写实例

以下根据三种情境，举例说明电子邮件撰写规范。

1. 给客户的第一封邮件

情境：你是杭州农特电子商务公司的客服代表，昨天一个张姓客户在网上留言，他对公司销售的山核桃很感兴趣，想买点送给国外的亲友品尝，但不太了解山核桃的特点、品质和购买流程、付款方法。请你写一封电子邮件给客户促成成交。

邮件主题：杭州农特电子商务公司山核桃介绍

亲爱的张先生您好：

我是杭州康翠电子商务公司客服小二——欢欢。今天看到您在我们网店上的留言，表示对我们的山核桃很感兴趣，并想买点送给亲朋好友品尝。首先非常感谢您对我们产品的支持，我也很高兴能为您介绍一下我们公司的山核桃。

我们公司是山核桃的专业供应商，我们有上乘质量及具有竞争力的价格。公司经营很多品种的山核桃，原籽山核桃是销售得最好的一种，受到了很多客户的欢迎。请允许我给您介绍下。

原籽山核桃所选的所有原料都是 15 年以上树龄所结的果实，经过 2 道筛选，按颗粒大小分出等级，经水浮去除空瘪籽，经过 5 天自然阳光晾晒，保证了山核桃的原香味，并选用纯天然山泉水，传承86年加工工艺，蒸煮6个小时，去除山核桃原有的涩味。这样的山核桃营养健康，是您高品质生活的不二之选，也是馈赠亲朋好友的最佳选择。

如果您想购买我们公司的产品，您可以来我们公司的官网进行购买，我们公司官网的网址是http://nongji.tmall.com/，您可以挑选喜欢的产品，加入购物车，并可以使用支付宝或者网银进行结账。如果还有什么疑问，您可以拨打我们的客服热线0571—88888×××，欢欢很乐意为您解答。

希望您能喜欢我们的产品，祝您生活愉快！

您好！ 我是杭州农特电子商务公司的客户代表欢欢。您可以通过以下方式联系我：

电话：85017×××

手机：15264569×××

QQ：587485×××

旺旺：happyyou1×××

2. 道歉邮件

情景："双11"结束了，你所在的网店出现超卖现象，导致部分买家下单的商品来不及生产而不得不延迟发货。你的主管非常着急，要求你写一封邮件给买家说明情况，争取得到客户的谅解，并承诺尽快发货并给客户一定补偿。

邮件主题：亲，请接受阿卡家的致歉补偿！

亲爱的买家：

您好！我是阿卡旗舰店的小二，"双11"购物狂潮刚刚结束，想必您一定在着急等待阿卡家宝贝的发货，我们也一直在努力发货中。但是很抱歉的是我们家的衣服出现了超卖的情况，导致有些亲的订单不得不延迟发货，这是我们服务的严重失误，阿卡在这里给您致以深深的歉意！

在此，希望得到您的体谅。阿卡会尽快安排订单发货，并为延迟发货的买家赠送一张100元无门槛优惠券和支付宝10元的返利。

希望我们的诚意能够得到亲的体谅！有任何疑问请尽快联系我们，阿卡家会尽快给亲做出答复哦！

3. 促销邮件

情景：网店新进一款智能手机，主管安排你写一封促销信发给 VIP 客户张总。

邮件主题：晒智能，赢红包

尊敬的张总：

您好！

一款智能商务手机是身份和地位的象征。最近，联想公司推出一款全新的智能手机，不知道您是否感兴趣？

联想公司全新推出的智能手机全面支持中国移动 4G 应用，让您随时随地享受互联网的精彩。您作为公司的领导人，工作很忙，但也要适当放松一下。这时，您可以用这款智能手机看影视节目，5.5 英寸的超大屏幕让您感到十分过瘾。在您想念您的家人时，可以用它视频通话，1 500 万像素自动对焦摄像头，超级清晰。当然，它独具的指纹解锁功能，可时刻保护您的信息安全。

您心动了吗？现在购买，还可以参加赢红包抽奖活动，有机会得到 500 元的话费充值卡一张。如果您有意购买的话，可以点击下面的小链接。期待您的点击哦！

点我吧：http://www.ophone001.com/

荣获国际工业设计界的"奥斯卡"
大奖——德国红点奖
5.5 英寸 HVGA 高硬度电容式纯平触摸屏，
分辨率达到 320×480
624 MHz 超强处理器，8 GB 大容量存储
1 500 万像素自动对焦摄像头，配有闪光灯
前置 30 万像素副摄像头，支持视频通话

希望您能喜欢我们的产品，祝您生活愉快！

您好！我是杭州世惠电子商务公司的客户代表仁佳。您可以通过以下方式联系我：

电话：85017×××

手机：15264569×××

QQ：587485×××

旺旺：happyyou1×××

课堂演练 4-6

电子邮件撰写

仿照教材实例撰写各类电子邮件。要求主题得当，格式规范，行文简洁，并有个人签名信息。

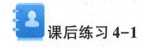 **课后练习 4-1**

资料制作

查阅资料，收集整理并制作网店客户服务常用话术一览表。

 课后测试题

一、单选题

1. 现在流行的多巴胺营销是（   ）。

A. 从情绪的感性层面赢得客户

B. 从运用的理性层面赢得客户

C. 从求名的心理赢得客户

D. 从求同的心理赢得客户

2. 销售的过程本身是一个（   ）。

A. 肯定—否定—肯定的过程   B. 异议—同意—异议的过程

C. 一蹴而就的过程   D. 任何问题都能解决的过程

二、多选题

1. 客户产生异议的原因是多方面的，包括（   ）。

A. 客户自身的原因   B. 商品方面的原因

C. 服务人员方面的原因   D. 客观原因

2. 客户求名的心理主要表现在（   ）。

A. 客户比较注重品牌、价位和公众知名度

B. 这类客户比较有虚荣心，自尊心强

C. 这类客户有的经济条件并不是很好

D. 这类客户的经济条件都是很好的

三、判断题

客户并非真正是对商品不满意，而是为了拒绝购买故意编造的反对意见，这是客户的真实反应。   （   ）

项目五

投诉处理

知识目标

（1）了解客户的气质类型。

（2）了解投诉心理。

（3）掌握投诉处理原则和方法。

技能目标

（1）能够快速判断客户气质类型。

（2）学会分析客户投诉心理。

（3）能够灵活处理客户的投诉。

素养目标

（1）培养真诚、严谨、负责的工作作风。

（2）培养敬业、担当精神。

（3）培养良好的团队协作意识。

（4）树立强烈的集体荣誉感。

任务一　客户气质类型和投诉心理分析

案例导入

"职业差评师" 频频勒索　网络卖家抱团抵制

人们上网买东西时，除了查看卖家是皇冠还是钻石的销售级别，还会详细查阅买家对其做出的评价，由此推断商品是否有瑕疵、实物跟店家描述的是否相同等。如果一个卖家接连遭差评，生意将受到很大影响，潜在的客源也将流失。看准了卖家的这一顾虑，一些买家故意给出差评，然后暗示卖家掏出一定的费用就给删除差评。而不少卖家特别是一些中小卖家，几乎都遭遇过这种"勒索"，为此一些卖家还专门成立了"反差评师联盟"，希望卖家抱团抵制不良买家。

昨天，记者咨询了一些济南的卖家，几乎每个卖家都遭遇过恶意差评。前几年，只要好好和买家交流或者退换货处理就可以消除差评。但最近一两年，说好话赔笑脸根本解决不了问题，有些卖家直接提出打折或者额外付费，只有给一定的好处才能删除差评。

在淘宝的论坛上，记者发现了不少关于"骗子卖家""职业差评师"的帖子。而江苏一位卖家毛先生更是成立了"反差评师联盟"。

昨天，记者通过淘宝旺旺联系到了毛先生。毛先生的网店主要经营电话卡充值业务和虚拟Q币。从去年五六月份开始，他几乎每个月都要碰到一两个买家，手机充上钱了却说没收到，二话不说就给差评。他主动交流解决时，对方却趁机索要充值卡、Q币等。忍无可忍之下他将骗子的名字公布在了论坛里，没想到却引来众多网络卖家跟帖。

毛先生说，根据这些店主反映的情况来看，"职业差评师"主要分两种，一种是有买东西的需求，以差评威胁卖家主动让利的；还有一种就有诈骗的嫌疑了，购买的东西多不值钱，给出差评后，另外有人主动上门向卖家索要50元到500元不等的改差评费。"中小型网店最易被差评师勒索。"毛先生说，皇冠级的店铺给出几个差评也不影响销量，因此骗子专门挑两三钻以下的网店下手，特别是一些几乎没有中差评的店。除了经营虚拟商品的店铺外，一些经营瓷器、玻璃等易碎品的店铺也非常容易中招。

毛先生介绍，这些骗子也有共同的特征，如购物记录很少，喜欢匿名购物和评价，给出差评之后不在淘宝旺旺上进行交流沟通等。

对于卖家的这种遭遇，记者咨询了淘宝网公关部的工作人员。对于网络差评师，他们也听说过，据说有的差评师月收入过万。为了维护卖家的利益，他们设立了"恶意评价"投诉渠道，只要卖家能提供有利的证明，这个差评被定性为"恶意评价"后，淘宝网就能帮店主删除评价内容及对应的评价积分，避免店主被不良买家勒索，如果一个买家接连被卖家举报，淘宝网也会封掉买家的交易账号。

对于淘宝网的这种解释，不少卖家评价为"没用"。遭遇买家勒索的饰品店刘小姐说，想判为"恶意评价"，卖家要自己收集有利的证据，但淘宝网目前只承认旺旺的聊天记录，其他的聊天工具和电话、信件等都不能作为证据。而她遇到的骗子，显然熟知淘宝网的这些规定，根本就不在淘宝旺旺上和她进行交流。

虽然不少网络卖家遭遇过职业差评师的勒索，但他们多自认倒霉，或公布职业差评师的账号发泄心中的不满，有维权念头的卖家并不多。他们认为，被骗的钱只有一两百元，而骗子骗几笔就换一个账号，很难维权。

也有一些卖家思索被骗的深层根源。成立"反差评师联盟"的毛先生说，淘宝网从成立开始就实施的信用差评系统，如今暴露出来很多问题，卖家遭遇差评勒索就是其中的一个漏洞。他说，信用机制现在不仅是决定交易的参考值，也是淘宝推荐、搜索优先级等相关算法的参考值，但随着卖家等级的提高，差评所起的作用越来越小，差评限制的多是中小型的卖家，因此中小型的卖家成了职业差评师的勒索对象。

毛先生说，在淘宝上购物，如果不主动给评价，系统就会默认为"好评"，他店里的客户只会在商品很好或很不好的情况下，主动给予语言评价，而感觉商品一般的情况下，也会默认好评，这种勉强得来的好评其实占了整个好评的绝大部分，根本就无法表达购物者的真实意图。

（http：//eshop. yidaba. com/201010/1310422210021001000211156464_ 2. shtml 来源：都市女报）

一、客户气质类型

目前，心理学家们普遍认为，在通常情况下，人的气质类型可分为胆汁质、黏液质、抑郁质、多血质四种。通过图 5-1 可以看出，四种气质类型的人在面对同样一件事情上的处理方式大不相同。

客户投诉心理分析

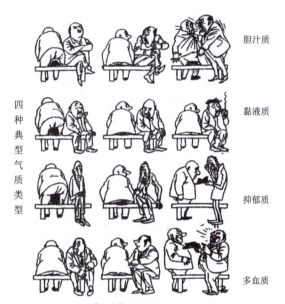

（[丹麦]皮特斯特鲁普）

图 5-1　人的气质类型

1. 胆汁质（兴奋型）

胆汁质气质的人兴奋性很高，脾气暴躁，性情直率，精力旺盛，这样的人情感和情绪发生迅速，爆发力很好。同时，情感和情绪消失得也快，情绪趋于外向。火气来得快也消得快，只有等他平静下来后，才能与他心平气和地谈话。

2. 黏液质（安静型/温和型）

黏液质气质的人平静，善于克制忍让，生活有规律，不为无关事情分心，埋头苦干，有耐久力，态度持重，不卑不亢，不爱空谈，严肃认真。

3. 抑郁质（抑制型/分析型）

抑郁质气质的人对事物有较高的敏感性，能体察到一般人所觉察不到的东西，观察事物细致。行动缓慢、多愁善感，也易于消沉，干工作常常显得信心不足，缺乏果断性。交往面较窄，常常有孤独感。

4. 多血质（活泼型）

多血质气质的人热情、有能力，适应性强，讨人喜欢，喜欢交际，精神愉快，机智灵活，注意力易转移，情绪易改变。容易接受新事物，也容易见异思迁而显得轻浮。

经研究，大多数重复投诉的客户属于胆汁质型和多血质型客户，这两类气质的客户高级神经活动类型属于兴奋型和活泼型，他们的情绪兴奋性高，抑制能力差，特别容易冲动。

二、客户投诉心理分析

一般来讲，客户投诉的深层心理动机有以下三大类，了解了客户投诉的心理，就能够针对性地做好客户投诉的应对准备工作，消除投诉事件产生的不良影响。

1. 求发泄心理

在接受到不满意的产品或服务时，客户心有不快甚至上升为怒气，故用投诉来发泄怒气，寻求心理平衡，客户发泄完怒气后，待其怒气消除，便不会有进一步的诉求。这是比较简单的一种投诉心理。在处理这一类客户的投诉时有一个技巧即以静制动。认真倾听客户的抱怨，同情、理解客户的心理，要持容忍态度，并且适时地安抚客户的情绪。

2. 求尊重心理

此类客户在他们接受服务的过程中产生了挫折和不快，进行投诉时，总希望他们的投诉是对的和有道理的，他们最希望得到的是同情、尊重和重视，并向其表示道歉和立即采取相应的措施等。这类客户最难解决。首先对客户的投诉一定要给予高度的重视，并且让客户能感受到你的真诚，切忌打官腔，这会让客户十分的反感。其次，解释和澄清问题时，要进行换位思考，从客户的角度出发，诚恳地道歉，并做出合理的解释以及提出解决的方案。最后，向客人表示致谢，感谢客户对这次事件的谅解，并且再一次对因这 事件给客人带来的不便向客户致歉。

3. 求补救心理

由于各方面的原因，企业提供给客户的产品或服务没达到客户的预期，有时甚至会给客户造成物质上或精神上不同程度的伤害，许多客户用投诉这一渠道来寻求相应补偿。针对此类客户，首先向客户致歉，提出几个有效并且可行的解决方案，供客户选择；然后优先处理其个案，以最快的速度解决客户的问题。

 **阅读材料 5-1**

江苏工商发布网络购物典型案例及消费提示

案例一：无锡工商局新区分局调解商家因赠品拆封而拒绝"7日无理由退货"纠纷

【投诉情况】消费者伍女士在无锡某网站订购了1台TCL手机，在收到手机的同时，商家还赠送了 1 个塑料运动手环。收到货后第二天，因为手机无法开机，伍女士将其寄回。商家在收到手机并检查之后，称手机无法开机是因为软件问题而不是质量问题，拒绝换货。伍女士于是要求"无理由退货"，商家却称赠品已被拆封，不能退货。经无锡工商局新区分局调解，该网站给伍女士作退货处理。

【消费提示】"7 日无理由退货"是新《消费者权益保护法》的亮点之一。但现实中，部分电商却以各种理由拒绝无理由退货。2015 年 3 月 15 日，由国家工商总局公布的《侵犯消费者权益行为处罚办法》开始施行。该办法列举了经营者不履行"7 日无理由退货"的具体情形，规定了经营者故意拖延和无理拒绝的 4 种情形及处罚依据。若消费者在网购时发生退货纠纷，可运用该办法维护自身合法权益。

案例二：常州工商局调解团购电影票退款纠纷

【投诉情况】消费者杨先生通过 12315 热线，投诉自己在某团购网站团购了 3 张某国际影城常州店的"5 元抵 55 元"的电影票，当天去选择了观看 60 元/张的电影，商家要求杨先生另外补 10 元/张票，杨先生认为不合理，应该只要补 5 元/张。工商介入后，该影城负责人解释说，影城内部有多个放映厅，价格不同。但对于此他们没有在团购网站进行详细说明，也当即承认工作存在失误，经过调解，该影城同意给予杨先生 15 元退款。

【消费提示】根据相关法律法规，消费者团购了影城提供的电影票，就与影城建立了消费合同，影城需要按照合同的约定履行所承诺的义务。影城未经与消费者协商一致，单方面限制、排除了消费者的合法权利，应属无效。

案例三：苏州市吴江区消保委调解网购山寨"苹果"纠纷

【投诉情况】苏州吴江的蒋先生在某网络交易平台上拍下一款价值 1 998 元的 iPhone 5S 手机，拿到手后发现这款手机做工粗糙，摄像头的外形与正品手机相差甚远，且整台手机的重量明显轻于正品手机。种种迹象表明，这是一台"山寨 5S"。蒋先生要求退机退款。卖家声称同意退机，但称收货时已将钱款交由邮政 EMS 工作人员，卖家目前暂未收到该笔款项，无法为其退款。蒋先生于是求助于吴江区消保委。最后在消保委的见证下，邮政工作人员当场将 1 998 元购机款退还蒋先生，蒋先生也将手机交给邮政，由 EMS 发还网店卖家。

【消费提示】虽然网购具备较大的优势，但其中也隐藏着一定的风险。消费者对于价格明显低于正品的商品要高度警惕，不要轻信网站的"低价""折扣"等宣传。以苹果 5S 手机为例，目前正品手机售价在人民币 5 000 元左右，如果商家报价一两千元，那么很有可能是翻新机或者冒牌货，这类手机的质量和售后服务将很难得到保证。

案例四：相城工商局元和分局调解网购"贴皮"冒充"实木"家具纠纷

【投诉情况】新房装修完后，消费者秦先生在某网络交易平台一网店，买了一张榆木大床。商家信誓旦旦保证这张床除了辅料床板、横档为松木，其他"绝对是榆木实木，保证没有贴皮"。因床板尺寸与房间的空间不一致，秦先生便找来锯子，将床边锯下一截。正是他这一锯，床板露出了里面的松木和贴在表面的榆木皮。秦先生当即与卖家联系，但卖家不认账。于是秦先生重新在网上申请了一个账号，通过新账号与该卖家联系，询问这款床的具体材质，这次卖家承认是松木贴了榆木皮。带着搜集来的证据，秦先生用原来的账号联系卖家，结果卖家又改口了。无奈之下，他带着掌握的证据向苏州市相城工商局元和分局投诉。接到投诉后，元和分局与出售贴皮榆木床的网店取得联系。最终这位负责人承诺将秦先生不满意的床作更换，妥善处理了此事。

【消费提示】网购家具固然省钱省力，但消费者在购买前应该谨慎选择，尽量到正规的家具公司网站购买。在选购过程中，关于产品的质量、送货、安装、售后服务、退换货方式、保修期限、产品的损坏责任认定等细节，一定要与店家提前约定好并通过书面或电子单据加以确认，并保留好QQ等聊天记录凭据，一旦出现纠纷可当作维权佐证。

案例五：建湖工商局九龙分局调解网购电视质量纠纷

【投诉情况】家住建湖的朱先生在某网络交易平台一网店购买了价值3 699元的某品牌42寸液晶电视机一台，刚使用3天，发现液晶电视机的屏幕右侧中间处出现了一块黑斑，甚至出现了屏幕弯曲变形的情况。朱先生向网店售后服务人员进行了投诉，但售后服务人员称黑斑系消费者人为造成，不予退货。朱先生于是向工商部门进行投诉。为进一步弄清情况，工商人员请专业技术人员对液晶电视机进行鉴定。经鉴定，认为这是由于外力原因造成的黑斑，但是否是消费者所为却不好认定。在工商人员的多番努力下，双方最终达成协议，由朱先生负担450元，网店负责更换新的液晶电视机给朱先生。

【消费提示】新《消费者权益保护法》第23条规定，经营者提供的机动车、计算机、电视机、电冰箱、空调器、洗衣机等耐用商品或者装饰装修等服务，消费者自接受商品或者服务之日起六个月内发现瑕疵，发生争议的，由经营者承担有关瑕疵的举证责任。因此，对耐用商品的维权，消费者可以要求经营者"自证清白"。

案例六：盐城工商局调解抢购款退款纠纷

【投诉情况】消费者朱女士欲在某网站抢购一款商品，抢购开始之前，通过该网站合作支付结算工具支付宝预付抢购款35元。由于抢购者众多，朱女士未能如愿抢到该商品。朱女士浏览该网站其余商品后，无购买其他商品的意愿，遂想将支付宝内抢购款35元转回到银行卡，但操作却无法成功。原来该网站不同意退款。朱女士遂向12315投诉。经调解，该网站同意退还朱女士35元。

【消费提示】依据《消费者权益保护法》和《网络交易管理办法》的相关规定，网络经营者应当明确告知消费者"商品或者服务的数量和质量、价款或者费用、履行期限和方式、支付形式、退换货方式、安全注意事项和风险警示、售后服务、民事责任等信息"，消费者享有知情权。该网站对抢购款不能退回未尽告知义务，侵害了消费者的公平交易权与自主选择权，同时扣留消费者的款项，一定程度上属于强制交易。消费者如遇到类似情况，要及时向工商部门进行投诉，以保护自己的合法权益不受侵害。

案例七：苏州工业园区工商局调解境外旅游纠纷

【投诉情况】吴女士在某旅游网站办理了俄罗斯签证，去往目的地莫斯科和奔萨。但从莫斯科到奔萨的时候，被奔萨当地警察以非法滞留名义罚款12 000元。后吴女士投诉至工商部门要求该旅游网站承担相应损失。经调查，该旅游网站为吴女士办理的签证本身没有问题，在办理完个人俄罗斯签证后，就可以去往俄罗斯当地任意城市，但需要72小时之内在当地城市办理签注手续。该旅游网站未在办理签证过程中就此问题对消费者进行解释说明，从而导致消费者对于办理签注的概念一无所知。经过多次调解，最终消费者与该旅游网站达成调解协议，为消费者挽回损失4500元。

【消费提示】随着出境旅游在国内的不断升温，消费者去往境外各地也越来越频繁。不同国家的入境手续各有不同，特别涉及一些不为常人所知的概念，旅游服务公司在为消费者提供服务时，应更多地站在消费者立场考虑问题，将可能导致旅行过程中遇到问题的相关细节考虑到位，进行提醒告知。在此，工商部门也提醒消费者，对于自己要去往旅游目的地的有关情况需要事前多做功课，特别对于重点事项要多加了解，以免在旅途中产生不必要的麻烦和损失。

（http：//su. people. com. cn/n/2015/0311/c156599-24122742. html 来源：新华报业网）

课堂演练 5-1

投诉处理情景模拟1

情景：你是淘宝某服装网店客服小二，一天一位年轻的女买家通过旺旺反映其购买的一件裙子存在少许的色差。请合理做出解释，让客户满意。

要求：小组讨论，完成旺旺对白文字。

任务二　处理客户投诉

案例导入

意外的道歉

张小姐在"双11"购买了一条裤子，但是由于快递爆仓，导致张小姐等了3天还未收到货，因此她非常郁闷并打电话给客服投诉送货，客服说对不起，我给你免运费10元吧。过了3天张小姐收到一个包裹，里面有一封信，说对"双11"货物延迟的问题非常抱歉，附上10元现金作为迟到补偿，希望张小姐能谅解。张小姐除了意外还非常感动，原本因此次购物郁闷的心情一扫而空，反而觉得该网店服务非常贴心，并于当天又下了一笔订单。

一、投诉产生原因

一般地讲，客户投诉的原因主要有以下几个方面：

1. 主体

主体就是指投诉源于客户自身原因，例如由于客户对商品的不理解或理解错误而使用不当，或者客户发现买的并不是自己想要的商品等原因，可能引发投诉。

处理客户投诉

2. 客体

客体主要指客户对服务人员的服务态度及技巧不满而引发投诉。电子商务客户服务工作是一项相对艰苦的工作，工作强度较高，压力较大，有时服务人员因应对不及时或不当导致客户不满易引发投诉。

3. 媒介

媒介主要指对商品和服务项目本身的不满而引发投诉，因这种原因投诉的客户占了所有投诉中的大多数，如商品质量问题、物流问题。

二、积极看待客户投诉

现代市场竞争的实质就是一场争夺客户资源的竞争，但由于种种原因，企业提供的产品或服务会不可避免地低于客户期望，造成客户不满意，这样客户投诉就是不可避免的。向企业投诉的客户一方面要寻求公平的解决方案，另一方面说明他们并没有对企业绝望，希望再给企业一次机会。

根据"抱怨冰山"理论（图5-2），抱怨或者投诉的客户，仅仅是不满意的客户中很小的一部分，就如同冰山露出水面的一角。在不满意的客户中，有69%保持了沉默，23%的人会对最熟悉的人提出抱怨，只有8%的人直接投诉。客户在决定是否投诉时会权衡不满意的商品对自己的损害有多大？投诉可能带来的利益有多大？投诉可能需要付出的成本有多大？在此情况下，即使对商品或服务不满意，大部分客户也放弃了投诉。

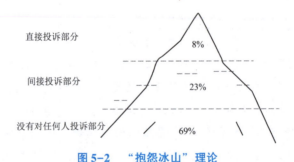

图5-2　"抱怨冰山"理论

相关研究进一步发现，50%～70%的投诉客户，如果投诉得到解决，他们还会再次与公司做生意，如果投诉得到快速解决，这一比重会上升到92%。因此，客户投诉为企业提供了恢复客户满意的最直接的补救机会，鼓励不满客户投诉并妥善处理，能够阻止客户流失。这些满意而归的投诉者，有的会成为企业的义务宣传者，即通过这些客户良好的口碑鼓动其他客户也购买企业产品。

三、处理客户投诉的原则

抱怨、投诉对于公司来说，可谓是最常见的"危机事件"了。每一起投诉就像一支小小的烟头，如果处理不当就有可能引发一场森林大火。处理客户的投诉如果能够态度好一点、微笑甜一点、耐心多一点、动作快一点、补偿多一点，你的生意就会好一点、客户就会多一点、利润就会高一点、倒闭就会晚一点。

处理客户投诉应遵循以下一些基本原则：

1. 先处理情感，后处理事件

美国有一家汽车修理厂，他们有一条服务宗旨很有意思，叫作"先修理人，后修理车"。什么叫"先修理人，后修理车"呢？一个人的车坏了，他的心情会非常不好，你应该先关注这个人的心情，然后再关注汽车的维修，"先修理人，后修理车"讲的就是这个道理。可是这个道理很多服务代表都忽略了，往往是只修理车，而不顾人的感受。因此正确处理客户投诉的原则，首要的就是"先处理情感，后处理事件"。

2. 耐心倾听

只有认真听取客户的抱怨，才能发现其实质性的原因。一般的客户投诉多数是发泄性的，情绪都不稳定，一旦发生争论，只会更加火上加油，适得其反。真正处理客户投诉的原则是：必须耐心地倾听客户的抱怨，避免与其发生争辩。

3. 想方设法地平息客户的抱怨

由于客户的投诉多数属于发泄性质，只要得到店方的同情和理解，消除了怨气，心理平衡后事情就容易解决了。因此，作为客户服务人员，在面对客户投诉时，一定要设法搞清楚客户的怨气从何而来，以便对症下药，有效地平息客户的抱怨。对于客户的抱怨应该及时正确地处理，拖延时间只会使客户感到自己没有受到足够的重视，抱怨会变得越来越强烈。

4. 要站在客户的立场上将心比心

漠视客户的痛苦是处理客户投诉的大忌。非常忌讳客户服务人员不能站在客户的立场上去思考问题。服务人员必须站在客户的立场上将心比心，诚心诚意地去表示理解和同情，承认过失。因此，对所有的客户投诉的处理，无论是已经被证实的还是没有被证实的，都不应先分清责任，而是应先表示道歉，这才是最重要的。

5. 迅速采取行动

体谅客户的痛苦而不采取行动是一个空礼盒。比如，说"对不起，这是我们的过失"，不如说"我能理解给您带来的麻烦与不便，您看我们能为您做些什么呢？"客户投诉的处理必须付诸行动，不能单纯地表示同情和理解，要迅速地给出解决的方案。

微言微语

> 站起来的次数能够比跌倒的次数多一次，你就是强者。

四、处理客户投诉的步骤

1. 让客户发泄

投诉时客户的愤怒就像充气的气球一样，当客户发泄完后，也许就没有愤怒了。当客户发泄时，服务人员最好的处理方式是仔细聆听。当然，不要让客户觉得你在敷衍他，要保持情感上的交流，如表示"您别着急，慢慢说。""我在听，你请讲。"认真听取客户的话，把客户遇到的问题理解清楚。在倾听客户投诉的时候，不但要听他表达的内容还要注意他的语调与音量，这有助于了解客户语言背后的内在情绪。

2. 充分的道歉

客户把自己的怨气、不满发泄出来，忧郁或不快的心情得到释放和缓解后，此时客户最希望得到的是同情、尊重和重视，因此你应立即向其表示道歉，并采取相应的措施。比如说"非常对不起，我非常理解您此时的感受。""我很愿意为您解决问题，让我看一下该如何帮助您。"

3. 收集信息

客户有时候会省略或忽略一些重要的信息，这需要客服人员通过精准的提问来了解真实情况并简要复述客户的投诉内容。例如："王先生，来看一下我的理解是否正确。您是说，您一个月前买了我们的手机，但发现有时会无故死机。您已经到我们的手机维修中心检测过，但测试结果没有任何问题。今天，此现象再次发生，您很不满意，要求我们给您更换产品。我理解了您的意思了吗?"

4. 提出解决方案

对于客户的不满，要能及时提出补救的方式，一个及时有效的补救措施，往往能让客户的不满化成感谢和满意。

针对客户投诉，每个公司都应有各种预案或解决方案。客服人员在提供解决方案时要注意以下几点：

（1）为客户提供选择。通常一个问题的解决方案都不是唯一的，给客户提供选择会让客户感到受尊重，同时，客户选择的解决方案在实施的时候也会得到来自客户方更多的认可和配合。

（2）诚实地向客户承诺。因为有些问题比较复杂和特殊，客服人员不确信该如何为客户解决。如果你不确信，不要向客户作任何承诺，要诚实地告诉客户，你会尽力寻找解决的方法，但需要一点时间，然后约定给客户回话的时间。你一定要确保准时给客户回话，即使到时你仍不能解决问题，也要向客户解释问题进展，并再次约定答复时间。你的诚实会更容易得到客户的尊重。

（3）适当地给客户一些补偿。为弥补失误，可以在解决问题之外，给客户一些额外补偿。很多企业都会给客服人员一定授权，以灵活处理此类问题。

图 5-3 所示为某客服处理一桩客户投诉的案例。客户反映使用店铺销售的热感美白牙

膏后导致口腔黏膜脱落，客服首先对客户的情绪进行了安抚，因为未接触过类似情况，立即将情况升级上报主管，并告知客户处理时间，较好地处理了此事件。

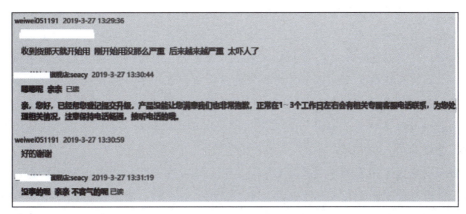

图 5-3 某客服处理客户投诉案例

5. 询问客户的意见

客户的想法有时和公司想象的差许多。服务人员在提供了解决方案后最好再次询问客户的意见。如果客户可以接受，那最好的办法是迅速、愉快地完成。始终记住开发一个新客户的费用是维护老客户费用的五倍。当投诉发生时，解决问题的关键是——干净彻底地、令客户满意地处理掉。如果客户不能接受，可询问其意见，协商解决。

6. 跟踪服务

采取什么样的补救措施，现在进行到哪一步，都应该主动告诉客户。客户投诉时首先担心能不能得到解决，其次担心需要多长时间才能解决。当客户发现补救措施及时有效，而且商家也很重视的时候，就会感到放心。

投诉圆满处理后，可通过电话、短信、电子邮件等，再次为给客户带来不便和损失表示真诚的歉意，向客户承诺我们会努力改进工作，进一步增强客户的信任和忠诚度。

 **时代链接**

特区 40 年·用服务缔造美好

2020 年是深圳经济特区建立 40 周年，也是建设粤港澳大湾区和深圳建设中国特色社会主义先行示范区全面铺开、纵深推进的关键之年。深圳市质量协会以"特区 40 年·用服务缔造美好"为主题开展"第十一届深圳市顾客满意服务明星"暨"第三届深圳市优质服务示范单位"创建活动。

2004 年，深圳市质量协会正式发起"社会性质量服务活动"——深圳市顾客满意服务明星创建活动。该活动发起之初就以提高服务业质量和核心竞争力为中心，实现服务业质量水平整体提升，打造中国服务品牌。通过顾客满意理论研究与推广、行业用户需求调研、消费维权、质量评价等系列活动的开展，在全市弘扬顾客满意、诚实守信、创新发展、追求卓越的质量精神，倡导就就业业、精益求精的工匠精神和企业家精神，营造"人人创造质量、人人享受质量"的质量共享氛围。

经过16年的发展，深圳市顾客满意服务明星创建活动，现已成为深圳市品牌活动之一，也是深圳市唯一关注提升服务质量的公共活动。多年来，顾客满意服务明星活动围绕金融服务业、酒店旅游业、公共服务、保险行业、医疗美容、汽车服务业、餐饮、商贸连锁、物业管理、售后服务中心、建筑业等多个行业展开，在深圳市内大批企业中树立了以顾客为中心的经营战略和以顾客满意为标准的质量观；涌现了一批诸如深圳燃气集团、深圳机场等近百家"服务明星单位"；评选出了数百支"顾客满意服务明星团队"，千余人荣获"顾客满意服务明星"殊荣，也正是通过该项活动的顺利实施，企业的组织管理和经营绩效显著提升。

本届深圳市顾客满意服务明星活动承前启后，以习近平新时代中国特色社会主义思想为指导，全面贯彻党的十九大和十九届二中、三中全会精神，紧紧围绕统筹推进"五位一体"总体布局和协调推进"四个全面"战略布局，坚持新发展理念，以提高服务业质量和核心竞争力为中心，大力实施质量强国战略，创新服务质量治理，推动生产性服务业向专业化和价值链高端延伸，生活性服务业向精细和高品质转变，不断提升公共服务供给能力和供给质量，实现服务业质量水平整体提升，打造中国服务品牌，消费者满意度显著提高，更好支撑经济转型升级，更好满足人民日益增长的美好生活需要。

活动自2020年4月30日下发"创建活动通知"以来，获得了深圳市各大企业的积极响应，并受到了深圳市各级社会组织的重点关注。

——摘自深圳新闻网（2020年9月10日）

阅读材料5-2

投诉处理经典话术

（一）感同身受

（1）我理解您为什么会这么生气，换成是我也会跟您有一样的感受。

（2）请您息怒，我非常理解您的心情，我们一定会妥善处理的。

（3）我非常理解您此时此刻的心情，我们马上为您处理这个问题。

（二）重视客户，多用"我"来代替"您"

（1）您把我搞糊涂了（换成）我被搞糊涂了。

（2）您搞错了（换成）我觉得我们的沟通存在误解。

（3）我已经说得很清楚了（换成）对不起，或许是我未解释清楚，令您误解了。

（4）您听明白了吗？（换成）我解释清楚了吗？

（5）啊，你说什么？（换成）对不起，我没有听明白，请您再说一遍好吗？

（三）感谢客户

（1）非常感谢您这么好的建议，我们会向上反映，因为有了您的建议，我们才会不断地进步。

（2）谢谢您的理解和支持，我们将不断改进服务，让您满意。

（四）赞美客户

（1）张先生，看得（听得）出来，您是一个素质很高的客户，这个想法很有前瞻性。

（2）张先生，感谢您的配合、理解，您真的很随和。

（3）张先生，听得出来您是一个非常认真负责的人。

 **阅读材料 5-3**

亚马逊的厉害武器

《华尔街日报》刚刊出一篇文章《亚马逊最厉害的武器——贝佐斯的偏执》，这篇文章的作者提到，他在亚马逊网站购买了一条价格 13 美元的运动裤，到货后因为发现裤子太大想退掉。结果他收到亚马逊的一条重要消息：他作为一个重要客户，无须退回这条运动裤就可以拿到退款。换句话说，在评估客户的重要程度，以及评估退货产生的费用可能会超过这条运动裤的价值后，亚马逊决定让这名客户白拿一条运动裤。

 阅读材料 5-4

切实提升消费者信任度安全感

作为常见促销手段，打折能够让商品更具性价比，帮助商家吸引客户。如今，随着电商行业的快速发展，每逢"618""双 11"等节点，相关促销活动打折力度往往较大，既让消费者得到实惠，也促进了社会消费。然而，一些虚假打折现象频频出现，且花样不断翻新。

标价不实，先涨后降，"大数据杀熟"，在满减优惠等方面藏"猫腻"……从线上到线下，层出不穷的套路令人防不胜防，导致不少消费者中招。有的人被打折所吸引，在完成消费后却发现，促销商品竟比打折前还要贵。虚假打折其实是掩耳盗铃，有关行为不仅涉嫌违反消费者权益保护法等法律法规，也有损价格诚信、商业诚信，甚至影响社会诚信，危害不可小视。商家采取虚假打折手段，虽能获得短期利润，却终将失去消费者的信任。

近年来，有关部门持续加大治理力度，集中整治虚假打折等市场乱象，取得了实效。中国消费者协会发布的 2022 年主题调查结果显示，近七成受访者对国内消费环境总体表示放心。同时也要看到，我国消费市场规模巨大，虚假促销的形式日趋隐蔽，新变种不断出现。因此，相应的治理举措也须与时俱进。不久前，国家市场监管总局公布《明码标价和禁止价格欺诈规定》，明确经营者在进行价格比较、折价、减价等活动时的具体要求，列举了予以禁止的典型价格欺诈行为，具有很强的现实针对性。

治理虚假打折，难以毕其功于一役，需要久久为功、持续用力、深入推进。首先，依法加强惩治力度，对虚假打折等违法经营行为露头就打，提高其违法成本。其次，依法健全严格的"原价"认定，督促商家遵守相关规定，禁止随心所欲虚标价格、进行虚假打折。此外，还可建立"黑名单"制度，对严重违法违规者实行行业禁入，推动商家增强依法经营的自觉性。多措并举、凝聚合力，就能维护市场秩序，改善消费体验，助力优化营商环境。

虚假打折现象侵害消费者切身利益，必须依法予以规范。当前，高效统筹疫情防控和经济社会发展，需要释放消费的力量。越是在这样的背景下，越要对虚假打折、价格欺诈等行为加强治理。通过依法整治，创造更安心的消费环境，有助于提振消费者的信心，从而激发购买力、促进消费。同时，在治理过程中，也应尊重和保障商家正当权益。比如，《明码标价和禁止价格欺诈规定》明确了"经营者有证据足以证明没有主观故意"等不属于价格欺诈的3类情形。既坚决维护消费者的合法权益，又避免对商家造成误伤，才能促进公平交易，真正营造良好消费环境。

打折实质上是一种让利多销、打造口碑、吸引客户的促销手段，绝非价格欺诈。营销打折产品，需要价格诚实、保证质量，否则只能做"一锤子买卖"。在法治更加健全、消费者权利意识更强的今天，专注于改善购物体验，致力于提升消费者的信任度、安全感，商家才能真正赢得市场、赢得未来。

（摘自人民日报 2022-06-22 版，作者：李思辉）

 **课堂演练 5-2**

投诉处理情景模拟 2

情景：你是淘宝某山核桃网店客服主管，一天一名挑剔的买家打电话给你反映他在网店购买的山核桃收货后发现产地不是临安的，而且他昨天打电话给客服小二时，小二的态度非常粗鲁。他要求退货并要求小二道歉。

作为客服主管，你如何合理解决此投诉，让客户满意？请全程模拟电话对白。

要求：小组讨论，完成电话对白文字并模拟表演。

 课后练习 5-1

投诉处理情景模拟

事件还原：某网店销售的牛肉酱由于没有任何添加剂，牛肉酱开封后需要在 7 天内食用完，而且需要放在冰箱保存。一客户因"双 12"购买的牛肉酱在食用过后数十天后发霉，向网店进行投诉并要求赔偿，其理由是网店详情页上说明字体过小而且客服未向其说明食用时间和保存方式，导致食品变质。

作为售后客服，你如何合理解决此投诉，让客户满意？请讨论给出解决方案。

 **课后测试题**

一、单选题

1. 为人性格平静，善于克制忍让，生活有规律，不为无关事情分心，喜欢埋头苦干，有耐久力，态度持重，属于以下哪种气质类型？（　　）。

A. 胆汁质

B. 黏液质

C. 抑郁质

D. 多血质

2. 客户订单是零食大礼包，反馈少件收到，客服做法不对的是（　　）。

A. OMS（订单管理系统）查看是否产生拆分单

B. 截图交易快照内容跟客户对照有无差异

C. 当时不是本人在线，因此什么都不问直接转给仓库方处理

D. 查看聊天记录是否有涉及异常缺货换货等留言

二、多选题

1. 处理客户投诉的大忌包括（　　）。

A. 漠视客户的痛苦

B. 表示同情和理解

C. 先分清责任，再表示道歉

D. 先表示道歉，再分清责任

2. 客服人员在提出解决方案时要注意以下几点（　　）。

A. 为客户提供选择

B. 诚实地向客户承诺

C. 适当地给客户一些补偿

D. 向客户担保解决结果

三、判断题

客户如果对于投诉处理结果不满意，客服应第一时间将问题转给上级领导解决。

（　　）

项目六
客户关系管理

知识目标

(1) 掌握客户关系管理的相关概念。
(2) 了解客户关系管理的核心。
(3) 了解电子商务环境下客户关系管理的特点。
(4) 了解客户关系管理的发展趋势。

技能目标

(1) 了解常用客户关系管理工具的基本操作。
(2) 能够熟练操作淘宝系客户运营平台。

素养目标

(1) 培养信息收集、筛选、整理能力。
(2) 提升对数据的敏感度。
(3) 培养对市场环境变化敏锐的洞察力。
(4) 培养整体观和大局观。

任务一　客户关系管理基础认知

案例导入

杭州银泰移动 CRM 卖百货

　　一场静悄悄的革命正在杭州银泰百货进行。银泰百货与移动运营商合作，使用自己积累的数据库，开始了一系列移动客户关系管理 CRM 的尝试。

　　杭州银泰百货在杭可谓业界翘楚，商场沿街长度达 160 米之巨，营业面积达 30 000 平方米，各级员工 3 000 余名，成为浙江发展最快的大型百货商场之一。经过多年的积累，

银泰百货手上已经积累了几万名 VIP 客户的详细资料，但是，面对如此庞大的数据库，他们也"办法不多"。于是，公司希望利用 IT 技术来改善客户关系管理。

银泰百货尝试利用移动短信平台开始一项互动的市场营销活动，活动中，与客户往来交流的各种信息都会及时反馈到公司的客户关系管理系统。

"银泰的流量非常大。以前给 VIP 客户发一轮信函，不仅需要大量的人手，而且每封邮费就要一块多，成本很高。但通过短信商务平台，直接把产品与客户数据连在一起，不但方便快捷，而且即使每个客户的成本按一毛钱算，费用也节省了 90%。"一位银泰百货的内部人士告诉记者。

目前，杭州银泰每个月都能借助移动短信平台，进行三四次短信促销、调查活动。另外，通过移动短信平台，还可以对收集来的信息，进行合理的信息分类和数据库营销。最简单的形式就是，商家搞活动，对新产品进行促销。

举个简单的例子，如果客户买了化妆品，打开后，按照上面的标签，发个短消息到某地就可以有某种优惠，数据库便可收录她的喜好。当她在三个月产品用完后，及时消息便会自动找上门来。

专业人士认为，其实对银泰百货这样的零售企业，最理想的移动客户关系管理模式除了短信行销之外，还有一块也极有吸引力，正待挖掘，那就是定位系统。比如，当客户走到商厦附近的时候，系统就能自动根据数据库中收录、分析出的客户爱好，发一条针对性强的促销信息。事实上，通过现有的技术，这并不难实现。只要客户的手机开着，他附近的三个基站就能监测到他的位置，并通过一些算法，定位系统就能准确定位，误差不过十几米。

一、客户关系管理的概念

客户关系管理简称 CRM（Customer Relationship Management），是指企业为提高核心竞争力，利用相应的信息技术以及互联网技术来协调企业与客户间在销售、营销和服务上的交互，从而提升其管理水平。其最终目标是吸引新客户、保留老客户以及将已有客户转为忠实客户，增加市场份额。

客户关系管理是现代管理科学与先进信息技术结合的产物，在"以客户为中心"发展战略的基础上，采用数据库和其他信息技术来获取客户数据，以此来判断、分析、选择、争取、发展、保持和管理客户关系，提升客户满意度，培养客户长期的忠诚度，以实现客户价值最大化和企业收益最大化之间的平衡。

二、客户关系管理的核心

客户关系管理实质上是一种"关系营销"。一般来说，企业的经营目的分为短期效益（扩大销售量）和长期的可持续发展（建立和维持品牌知名度）两方面，面对这两个都非常关键的经营问题，以往的营销理论很难同时兼顾企业对二者的需求，这也导致了大多中小企业在面临生存问题时放弃了企业已有的战略规划；而大企业为了长久的布局也不得不一段时间内用牺牲效益来换取发展。

在这种两难的处境下，关系营销成为越来越受到人们关注的整合营销方式，其内容就是把企业营销活动看成是企业与消费者发生互动作用的过程，其核心是建立和发展与这些消费者良好的关系。与以往只注重吸引新客户、达成一次交易的"交易营销"相比，"关系营销"更注重保留客户，并与客户建立长期稳定的关系，使客户成为一个企业稳定发展的消费群体，在完成企业短期效益的同时，积累企业的长期客户群体，并通过一定的营销手段扩大用户群体的消费频率，既可以满足短期效益需求，也可以兼顾企业的长期品牌战略布局。

"关系营销"与"交易营销"的比较见表 6-1。

表 6-1　关系营销与交易营销

关系营销	交易营销
专注重视客户	注重一次性交易
高度重视客户利益	以产品功能为核心
着眼于长期关系	着眼于当前销售
强调客户服务	不太重视客户服务
很多的客户承诺	有限的客户承诺
所有部门都关心产品和服务质量	质量首先被看作生产问题

三、客户满意度与客户忠诚度

客户满意度指客户通过一个产品或服务的可感知的效果，与他的期望值相比较后形成的愉悦或失望的感觉状态。客户忠诚度是指由于质量、价格、服务等诸多因素的影响，使客户对某一企业的产品或服务产生感情，形成偏爱并长期重复购买该企业产品或服务的程度。可以说，客户满意度是一种态度，而客户忠诚度是一种行为。客户满意度与客户忠诚度形成的过程如图 6-1 所示。

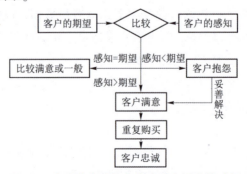

图 6-1　客户满意度与客户忠诚度形成的过程

当客户购买产品或接受服务时，如果感知结果与期望相称，一般会出现两种状态：一种是客户因实际情况与心理期望值基本相符而表示"比较满意"；另一种是客户会因对整个购买决策过程没有留下特别印象而表示"一般"。所以处于这种感受状态的客户很有可能重复同样的购买经历，也有可能选择该企业的竞争对手的产品或服务。

如果感知结果超过期望，意味着客户获得了超过期望的满足感受，客户会十分满意或愉悦。显然，感知超过期望的越多，客户的满意程度就越高，而当感知远远超过期望时，满意就演变成忠诚。

当感知低于期望时，则客户会感到失望和不满意，甚至会产生抱怨或投诉，但如果对客户的抱怨采取积极措施，妥善解决，就有可能使客户的不满意转化为满意，甚至令其成为忠诚的客户。

 **阅读材料 6-1**

"移"起暖人心——保定移动用短信架起救援桥梁

"想客户所想，急客户所急"，看似简单的一句话，却体现了客户服务的真谛。2023年夏天，在涿州汛情下，保定移动用短信架起救援桥梁。2023年8月1日19点左右，10086接到一通来自保定涿州客户的求助电话。来电的是一名女性客户，语气十分焦急——"喂？10086是吗？我真的是没办法了，打很多救援电话都是忙线，现在涿州汛情严重，我和周围的人在涿州百尺杆镇百尺杆村呢，水位……水位很高，30多人被洪水困住了，现在我一直没有和救援单位成功联系上，就试试看打10086求救！救救我们！救救我们！"

接到客户求救电话后，10086热线工作人员立马安抚客户并迅速与保定移动取得联系，告知客户目前紧急情况。保定移动立即联系涿州移动分公司告知这件紧急事件，涿州分公司员工刘琪赶忙尝试和客户取得联系。刘琪拨通了被困客户电话，但是信号时断时续，听得不太清楚，刘琪赶忙安抚客户——"没事的，放心我一定想法儿把您救出去！现在信号不太稳定，我和您短信联系吧！""好好！"客户答道。通过手机发短信息，刘琪一边稳定客户的紧张情绪，一边提醒客户注意安全，同时仔细记录客户提供的被困人员数量、相关位置等信息，并填报救援登记表。刘琪担心客户安危，一个多小时持续进行短信沟通，同时多次拨打当地救援电话，直至最终成功拨通，及时上报了客户相关位置信息。

第二天早上6点多，刘琪再次给受困客户发短信询问情况，第一时间与客户短信确认援救情况。"因为您及时拨通了119电话，救援队伍已经赶来了！昨天晚上已经救出5人了，今天还会陆续分拨救出，暂时安全。"12时34分，刘琪收到客户回复短信。这时，她的心才终于安稳了下来。

——摘自2023年8月5日《商讯》新闻报道，作者：辛博宇，刘镠

四、电子商务环境下客户关系管理的特点

在传统环境下，由于企业内部各部门业务运作的独立性，客户信息的收集比较分散，信息共享度低，所以客户关系管理的成效不明显。电子商务环境下的客户关系管理，有效地实现了客户信息收集、分析、开发和利用的整合，它具有以下新特点：

1. 信息的共享性

客户关系管理系统（Customer Relationship Management System，CRMS）将企业内部原来分散的各种客户信息进行格式的规范处理，形成正确、完整、统一的客户信息为各部门所共享，确保客户与企业任一个部门打交道都能得到一致的信息。

2. 服务的针对性

客户与企业交往的各种信息都存储在企业的数据库中，利用客户关系管理系统的客户数据挖掘与智能分析客户需求，准确判断客户的需求特性，可以最大限度地满足客户个性化的需求，有的放矢地开展客户服务，提高客户的满意度与忠诚度。

3. 服务的及时性

电子商务的基础是计算机与信息网络技术，其最大特点就是高速，可以进行实时信息传递。因此，在电子商务环境下当客户有相关服务要求或信息反馈产生时，如在网上进行产品相关信息咨询或订单提交以及问题反映，企业就可以及时地进行答复和处理。

4. 交流方式的多样性

客户既可选择电子邮件、电话、传真等方式与企业联系，又可选择QQ、微信、旺旺等在线聊天工具与企业联系，还可通过企业网站专门设置的FAQ与企业联系。无论采取哪种方式，客户都能得到一致的答复，因为企业内部的信息处理是高度集成的。

 阅读材料6-2

网络时代客户忠诚度的影响因素

网络时代消费者足不出户，而可选择的商品却更加丰富多彩，客户忠诚度越发难以维系。影响网络时代客户忠诚度的因素有哪些呢？

1. 产品及服务质量

在市场经济条件下，产品非常丰富，消费者选择空间非常大，而消费者考虑最多的是产品的质量。也就是说，客户所忠诚的更多的是企业所提供的产品价值，而不是企业本身。

服务作为产品整体概念中的一个重要部分，是整个产品销售中不可或缺的一环。在网络竞争日趋激烈的情况下，除了产品本身要有过硬的质量外，优质的服务也是影响客户满意的重要因素。因为优质的服务除了能让客户有舒服和满意的感觉外，也有力地起到了挽留客户的作用。网络服务质量的提高，可以改善网络客户对产品的认识，从而提高客户总体满意度，继而使得客户的购买倾向提高，如更强的重复购买意愿、增加使用量、良好的

口碑宣传等，购买倾向的提高又会导致忠诚行为，最终带来盈利和财务绩效的提升。高质量的服务确实是难以模仿和复制的，服务的不可替代性能够大大地增强客户的忠诚度。

2. 产品价格

消费者选择网上购物大多是因为网上购物的价格相对于传统购物价格来说比较便宜，人们永远希望能够买到物美价廉的产品。花更少的钱享受更多更好的服务是每个消费者的愿望。由于网络的便利条件，许多消费者会通过对各个商家的产品及其价格进行比较，从而选择更能提供符合自己要求的商家。如果竞争对手的产品价格比较优惠，消费者就会选择竞争对手的产品，这也就意味着客户的忠诚度减低甚至客户转移。

3. 转换成本

转换成本是客户改变原消费选择时要付出的成本，既包括货币成本，也包括时间、精力和心理等非货币成本。在市场营销理论中，低水平满意关系中的转换成本即可成为一种退出障碍；当满意水平不断上升，直至形成转忠诚，消费者面对的转换成本也将不断增加，达到较高水平。转换成本越高，客户对企业的行为忠诚度越高。

4. 风险因素

客户的忠诚度与其感知的购买风险有关。感知的购买风险指客户感觉到的购买某种产品或服务可能带来的风险，主要包括：社会风险、财物风险、时间风险、心理风险、身体风险。由于通过网上无法接触到商品实体，目前的技术很难完全过滤掉虚假、过时信息，再加上网络监管法规制度的不完善，消费者在网上购物可能面临较大的购买风险，特别是有关商品质量方面的风险。因此，从这个角度分析，消费者为降低购买风险，很有可能购买以前曾经消费过的品牌产品，这样就倾向于对某个品牌忠诚，从而容易增强品牌忠诚度。

5. 配套服务及沟通的便利性

网络销售必须提供完善的配套服务。网络销售说到底既是销售商品，也是销售服务。因为它无须消费者走出家门，就可将其所需要的商品送到家中，这里包含了商品配送和资金结算等一系列的配套服务。如果配送系统不完善、结算方式太麻烦，客户就有可能感到购买上的不方便而流失。除了配送和结算等服务外，提供商品目录、介绍使用和保养方法以及提供售后服务等都是增加客户满意度、培养客户忠诚度的重要方面，在网络销售中千万不可忽略。在网络销售中，客户主要是通过某种沟通方式来了解企业所提供的商品或服务信息，并通过同样的沟通方式向企业定购商品的。除了通过电脑进行网上销售之外，邮购、电话定购等都属于这类销售方式。所以，沟通方式越便利、越普及，客户利用的可能性就越大，从而也就越有利于客户忠诚度的培养。

6. 宣传和包装

网络销售必须进行宣传和包装。同其他销售方式一样，没有广泛的宣传，商品不可能被消费者认识和接受。然而在网络销售的包装和宣传中，商品的宣传并不是最重要的，更重要的是要宣传企业的配套服务、企业的良好信誉以及企业的文化内涵。要充分了解客户之所以选择网络购物，并非由于用其他方式买不到相同的商品，而是因为网络销售能提供给他们高度的便利、良好的服务和可靠的信誉。谁在这些方面做得最好，大部分客户就会跟着它跑。所以，在这些方面进行积极的包装和宣传，就可能赢得更多的忠实客户。

课堂演练6-1

客户忠诚度分析

小组讨论，列出小组成员常购买的日用品、服装、数码产品、箱包等的品牌，并填写下表。

商品	品类	品牌	使用或信赖该品牌的时间	信赖该品牌的原因	忠诚度
例：手机	通信产品	小米	三年	性价比高，时尚，售后服务迅捷，设计精美	中

任务二　了解常用网店客户关系管理工具

案例导入

维护老客户

对于淘宝卖家来说，如果一个店铺只靠引入新客户来维持店铺成交的话，那这个店铺永远不会做得很好，因为淘宝中的新客源是有限的，不可能有无限的新客让你引入。所以咱们要把那些购买过的客户发展成店铺的老客户，这样店铺才会有源源不断的成交。

初次涉及老客户营销的朋友们，最初可先对一部分客户做营销，首先要对你的老客户进行精细化分类，通过一些维度来判断是否为优质客户，注意：这里的优质客户不仅仅是以客单价来衡量的，例如，9.9元包邮的产品，一位客户买了30件；另一个是99元的产品，一位客户买了2件，虽然第二位的客单价低于第一位，但是第二位应该是相对优质的客户，你维护第二个客户所花的成本要低。

其次搜集好客户的信息，做好详细的分类，把地域、爱好、联系方式等都记录下来，这样好方便后面的推广，细心地处理好每一个客户的信息，因为只有在细心地处理这些信息当中，你才会在这些信息中获得客户的需求和客户的特点，针对这些需求和特点，做出一些针对性的活动来吸引老客户进店购买。

然后就是利用手机、QQ群、短信、互动平台、邮件等，来和客户互动，但要注意，咱们要做到关怀第一，给营销找一个理由，平时多发发祝福的话，等适当的时候给客户发送一条营销信息,这样买家就会知道原来是你这家店铺在做活动,再加上之前你的维护使客户对店铺的印象很好,这样就很有可能促成客户的进店购买。

一、淘宝客户关系管理工具

淘宝网店运营最常用的客户关系管理工具就是千牛卖家工作台自带的客户运营平台(图6-2),其可有效帮助卖家建立和维护自己的会员体系。

图6-2 千牛客户运营平台界面

客户运营平台是基于阿里大数据,为商家提供客户全生命周期管理的智能化CRM。平台以"消费者"为核心,方便卖家洞察客户需求并提供个性化的营销和服务能力,进而提升消费者和商家的黏性。客户运营平台与其他CRM平台相比有三大凸显优势:①数据运营范围更广,实现从已购客户到潜客的运营。②触达渠道更多,从短信营销到阿里全链路触达。③营销策略更智能,提供场景化、智能化的营销策略。

客户运营平台使用介绍见任务三。

二、商派 ShopEx CRM

ShopEx CRM 是上海商派网络科技有限公司开发的网店客户关系管理软件(图6-3),其功能强大,可无缝对接各大主流电商平台,进行全网会员识别。

图 6-3　ShopEx CRM 界面

ShopEx CRM 可实现客户分层管理，以等级规则或积分规则分层管理客户，提升商家对客户的辨识度。商家可以根据自己的营销策略对客户进行细分定位，如泳装店可与客户沟通后将客户分为"冬泳爱好者""游泳健将""沙滩嬉水族"等。

ShopEx CRM 可以与第三方 Call Center（如 400 电话服务）系统集成，来电直接可在系统中显示客户信息，记录服务关键信息，提高客服专业度，全方位跟进消费线索。

ShopEx CRM 提供各种自动营销插件，完美实现新客户关怀、订单催付、发货提醒、物流到达城市提醒、签收提醒。通过营销模型和自定义营销活动进行优惠券派发等各种类型的客户互动营销，提升客户服务品质。通过购买时间、成功单数和平均客单价等综合信息，考量客户的商业价值，进而开展差异化的营销行为。

三、生意参谋

生意参谋诞生于 2011 年，最早是一款应用于阿里巴巴 B2B 市场的数据工具（图 6-4）。2013 年 10 月，生意参谋正式走进淘系。2014 年至 2015 年，在原有规划基础上，生意参谋分别整合量子恒道、数据魔方，最终升级成为阿里巴巴商家端统一数据产品平台。

2023 年"双 11"前，生意参谋迎来了全新重磅升级，升级的主题为"从流量到留量"，引入全新客户运营视角。首页延续原来流量转化视角，并新增客户运营视角，进一步强化客户服务体验的重要性，让老客能够形成长期的复购，延展用户的生命周期，帮助商家长效经营和持续增长。

客户运营视角下三条多元增长通路：

第一种通路：新访直接成交，触达—购买。商家可以通过有价格竞争力的货品、直播、广告、搜推流量运营等方式直接击中消费者并完成转化。

第二种通路：回访成交，触达—种草—购买。商家可以通过内容营销、粉丝运营、大促蓄水活动营销、广告等方式不断加深与消费者的关系，促使客户回访从而进行购买。

第三种通路：老客复购。商家可以通过提升产品力、服务和体验、老客运营等方式提高老客的忠诚度，实现老客的再次购买。

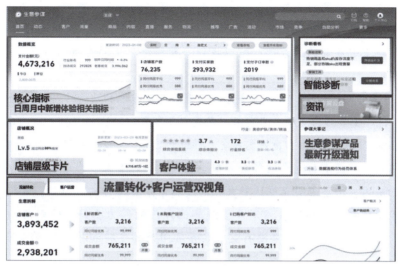

图 6-4　生意参谋界面

 **阅读材料 6-3**

厦航服务为何总被"点赞"？

在中国民航有这样一家航空公司，它历史并不算长，成立于 1984 年；家底更不算厚，起家时买不起飞机；总部基地位置也一般，既不是腹地又不算一线城市，却创造了业内多项第一的纪录：第一家以现代企业制度创立的航空公司，第一家被所在省份发文要求全省学习的航空公司……这家公司就是厦门航空有限公司（以下简称厦航）。

2023 年 6 月 20 日，CAPSE 航空服务奖获奖名单中，厦航再次斩获 2022 年度"最佳航空公司"，连续 9 年获此殊荣，并一举摘得"2022 年度客服与票务服务提升卓越奖"及"民航先锋奖"两项大奖，获得行业内外一致好评。CAPSE 航空服务奖设立于 2014 年，评选基于旅客真实有效的点评数据和多维度评审，其权威、公正的评选代表着旅客的真实声音，是民航业最具公信力的奖项之一。此次评选 CAPSE 共收集 52.2 万份旅客真实点评问卷，覆盖 190 家航空公司，近 13 万个航班。在今年的航空服务奖（满意度测评类）"最佳航空公司奖"评选中，厦航以综合得分 4.06 分的高分在 20 家评测公司中排名第一，摘获 2022 年度"最佳航空公司"。

截至目前，厦航已连续 42 季度获评内地服务"最佳航空公司"，连续 9 年夺得"年度最佳航空公司奖"桂冠，并蝉联了 APEX 最高评级"五星级国际航空公司"。诸多荣誉加身，不仅展现出厦航作为高品质航旅服务提供者的强劲实力，更是广大旅客对厦航一以贯之高端服务的认可。多年航班正点率在行业内名列前茅，旅客更是持续不断地给它"点赞"。为什么表扬的榜单上总会出现厦航的名字？在全行业都在紧抓服务质量的背景下，厦航为何还能有自己的鲜明特色？（此段来源于《中国日报网》）

一、确定服务高度 不留服务盲点

在午餐时间，当看到同事按自己要求准备的几款白面条时，陈毅真却没有了下筷子的勇气。她已经吃了有一段时间面条，在都快"吃伤了"的情况下还依然选择白面条是因为，作为厦门航空配餐部的总经理，她想找到一款经过机上餐食加工依然保有自然面香、够筋道的面条。

"我们经过各方面的了解，发现面条比米饭更受厦航旅客的欢迎。"陈毅真如此解释自己坚持的原因。她和她带领的 400 多名同事，在航空餐食各方面的"任性"并没有白费。在一项旅客参加的航空服务评测中，厦航的餐食自评选之日起，就始终处于行业的领头位置。

不过，陈毅真并没有将这个功劳全部归于己身。在她看来，厦航的文化就有为旅客提供更好服务的基因，配餐部就是在这种文化的浸润下开展工作的。当然，他们的每一次尝试和努力都能得到旅客的认可，离不开厦航其他部门的鼎力支持。她以他们去年推出的"五色五行"养生餐举例说，如果没有空中乘务员同事的支持和推介，旅客并不会真的体会到新餐食的好。

虽然航空公司被认为掌握大量的旅客信息，但服务通常是个人感受，比较难以量化考核。厦航如何感知旅客对服务的需求呢？他们有多种渠道搜集信息，除了行业网站的旅客满意度测评外，他们的信息来源还包括天合联盟服务测评、聘请第三方机构进行评价、聘请社会监督员以及厦航自身服务监察员等。

二、爱护信任员工 服务发自内心

因为旅客感受到的厦航服务来自与众多厦航一线员工的接触，所以他们最先遇到或者最先求助的厦航员工的服务水平，通常就是他们对厦航服务的印象。

乘坐过厦航航班的旅客，也是在潜移默化中感受到厦航服务水平高的。一开始，是口感、分量都颇具吸引力的机上餐食，是亲切、温暖的"人生路漫漫，白鹭常相伴"的机上广播词；然后，是发现厦航乘务员在起飞、降落前巡舱时，会对坐在最里面的旅客说"请您帮我把遮光板拉起来"……

厦航在过去的几年间快速成长，新进员工越来越年轻，"90 后""00 后"不断涌入，怎么样让这些新生力量融入厦航文化，保证厦航的服务品质稳步提高？乘务长们在一起时，都会交流怎样引导新乘务员树立服务意识。因为心态摆正了、微笑很真诚，即便有动作不到位、服务技巧不到位的地方，旅客也不会太介意。只有乘务员们自身越来越认可厦航，才会为这份工作而骄傲，进而将工作做好。

一位已经工作超过 10 年的资深乘务长，当被问到自入职以来"零投诉"的原因时的回答是："客舱就像我们的家一样，乘坐飞机的旅客就是来我们家串门的客人。别人到了我们家，主人自然要有待客之道，要热情相待。"让每一名厦航人将厦航当成自己的家，将厦航的事当成自己家的事，这种独特的文化或许可以解释为何旅客对厦航的欣赏始终不减。

三、围绕旅客需求 不停创新脚步

来自厦航服务质量部门的数据是，旅客对厦航服务的"点赞"，已经从配餐"一枝独秀"，到配餐和空中服务"两翼齐飞"，再到配餐、空中服务和地面服务"三驾马车"领先行业。

按照通常的理解，在越来越激烈的航空服务竞争中，厦航的举措似乎应该由以前的"争"变成以后的"保"？"服务和安全一样，没有止境。某一方面的第一名都是暂时的，都只能说明过去。怎样让旅客舒服、怎样让旅客满意才是我们的目标，要让不同层次的旅客从心里感到厦航是最棒的，这是我们前进的方向。"厦航一位负责人如是说。

虽然厦航很早就运营了东南亚地区的国际航线，但其餐食依然以最适合国人的中餐为主。但厦航的波音787怎么办？在厦航配餐部，一份《配餐部787标准操作手册》绘制了波音787装机图，实现了机上餐食"定点装载、定位配送"，便于乘务员快速、准确核对配餐信息。而在波音787三舱餐谱上，他们也引入了英式早餐红茶、挂耳式咖啡，购置了头等舱瓷质餐具及经济舱托盘餐具。

地面服务质量分部在承办厦航服务质量委员会月度例会时，则邀请经常搭乘欧洲航班出行的资深常旅客，给厦航服务高管们讲解他在搭乘外航航班时的各种体验。

厦航空中乘务部从旅客的视觉、听觉、味觉、嗅觉、触觉和心灵体验6个角度出发，对机上服务流程进行重新梳理、同步整合和创新，推出了30种服务产品，给旅客带来更完整、更完美的厦航服务体验。

为了提高空中服务品质，一方面利用各种走出去的机会，向国内外优秀的兄弟航空公司取经，体验他们的精品航班、优质服务，了解先进的技术应用和管理手段创新；另一方面，重视对年轻员工的培养，在每名员工入职时即根据其特长量身制订培养计划，给他们搭建各种平台供其施展才能，增强其职业荣誉感和企业归属感。

在厦航人看来，他们面临的服务工作，随着技术的进步、旅客需求的变化而越来越多，航班正常、行李运输、信息服务以及机上互联网等新老课题还等待着他们和行业的伙伴们一同思考。他们努力使自身的服务处于领跑者的位置，既是为了让自己在市场上生存得更好，也是希望行业的价值、行业的社会地位能够得到进一步的肯定。

——根据2015年1月26日《航企那些事儿》公众号文章整理，原作者：晓泓

任务三 淘宝客户运营平台实操

 案例导入

按照客户价值进行客户分类，提高销售利润

D先生是一家电子产品销售公司的经理，经过D先生及其团队的共同努力，公司的业务不断拓展。随着公司业务的发展，老客户越来越多，公司知名度也越来越高，甚至经常有新客户慕名打电话来咨询业务。一时间，公司上上下下忙得不亦乐乎，可是还是有些重

要客户抱怨公司的响应太慢、服务不及时，而将订单转给了其他厂商，使公司利润流失了不少。为此，D先生决定加大投入，招聘了更多的销售及服务人员，来应付忙碌的业务。

一年辛苦下来，D先生满以为利润不错。可公司财务经理给出的年终核算报告，利润居然比去年还少！经过仔细分析，D先生终于发现了其中的症结所在：原来，虽然不断有新的客户出现，但是他们带来的销售额却不大，而这些客户带来的销售和服务工作量却不小，甚至部分新客户还严重拖欠款项。与此同时，一些对利润率贡献比较大的老客户，因在忙乱中无暇顾及，已经悄悄流失。

为此，D先生改进了公司的工作方法：首先梳理客户资料，按照销售额、销售量、欠款额、采购周期等多角度对数据进行测量，从中选出20%的优质客户；针对这20%的客户制订特殊的服务政策，进行重点跟踪和培育，确保他们的满意度。同时，针对已经流失的重点客户，采用为其提供个性化的采购方案和服务保障方案等手段，尽量争取客户回归；针对多数的普通客户，采用标准化的服务流程，降低服务成本。

经过半年的时间，在财务经理再次给出的半年核算报告中，利润额有了大幅回升。

讨论：

1. D经理所在公司原来的工作方法为什么效果不够好？

2. D经理是如何改进工作方法的？为什么这样的改进能够使公司利润迅速回升？

3. 对一个企业来说，区分不同价值客户有何意义？

一、淘宝客户运营平台功能概述

淘宝客户运营平台主要包含三大模块——客户管理、会员管理和运营计划。客户管理可创建丰富的人群标签（图6-5），随时查看人群指标（图6-6）；会员管理可设置会员权益，进行忠诚度管理等；运营计划方便卖家灵活制订多种运营计划，具有多种定向场景化营销工具（图6-7）和智能营销工具（图6-8），助力商家提高转化率。

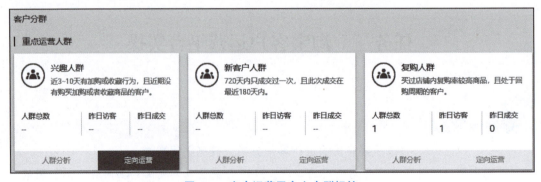

图6-5　客户运营平台之人群标签

图 6-6　客户运营平台之人群指标

图 6-7　客户运营平台之定向场景化营销工具

图 6-8　客户运营平台之智能营销工具

　　如智能营销工具中兴趣客户转化是通过给近 3~10 天对店铺有收藏、加购物车行为却没有购买的客户发短信、优惠券等来提升转化率。智能复购提醒是针对购买过店铺某些复购率较高商品的客户，在商品复购周期内，对这些客户通过消息盒子等方式推送商品复购提醒信息，从而提高转化率。

二、淘宝客户运营平台操作

登录千牛卖家工作台，单击页面最上面一行的"客户运营"，即可进入客户运营平台，以下举例讲解部分功能的操作过程。

1. 创建人群

在客户运营平台中卖家可方便地进行人群的自定义，这样可针对特定人群进行个性化营销，如发放优惠券、红包等，以增强客户黏性。

单击"客户管理"版块的"客户分群"，然后单击"新建人群"，弹出"新建人群"对话框（图6-9），选择性别、年龄、地域等标签后单击"保存"，新人群创建成功（图6-10）。单击新人群后的"人群应用"（图6-11），可进行发放优惠券等个性化营销。

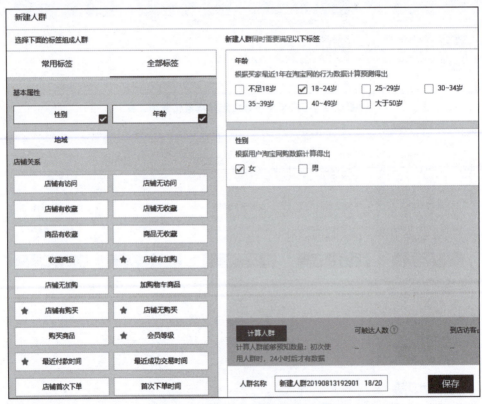

图6-9 客户运营平台之创建人群

人群名称	人群定义	创建时间
新建人群20190813192901	年龄18~24岁，且性别女	2019-08-13
新建人群20190813191820	店铺有加购近30天内有商品加购	2019-08-13

图6-10 新人群创建成功

图 6-11　对新人群进行个性化营销

2. 会员等级管理

淘宝网店卖家后台一般将会员分为普通会员、高级会员、VIP 会员和至尊 VIP 会员四个等级，可以根据消费金额与消费次数进行会员等级设置。

普通会员：只要拍下网店商品并完成付款，就成为网店的普通会员。

高级会员：在拍下商品确认收货的基础上，同时符合卖家设定的高级会员条件。

VIP 会员：在拍下商品确认收货的基础上，同时符合卖家设定的 VIP 会员条件。

至尊 VIP 会员：在拍下商品确认收货的基础上，同时符合卖家设定的至尊 VIP 会员条件。

这种客户分类是按照客户的贡献度来进行等级分类的，这里需要介绍一下客户关系管理的 RFM 模型。RFM 模型是衡量客户价值和客户创利能力的重要工具和手段。该模型通过一个客户的近期购买行为、购买的总体频率以及花了多少钱三项指标来描述该客户的价值状况。

在 RFM 模型中，R（Recency）表示客户最近一次购买的时间有多远，F（Frequency）表示客户在最近一段时间内购买的次数，M（Monetary）表示客户在最近一段时间内购买的金额。

最近一次消费（Recency）意指上一次购买的时候。理论上，上一次消费时间越近的客户应该是比较好的客户，因为最近才买你的商品、服务或是光顾你商店的消费者，是最有可能再向你购买东西的客户。再者，要吸引一个一个月前刚上门的客户购买，比吸引一个一年多以前来过的客户要容易得多。

消费频率（Frequency）是客户在限定的期间内所购买的次数。我们可以说最常购买的客户，也是满意度和忠诚度最高的客户。

消费金额（Monetary）是所有数据库报告的支柱，也可以验证"二八法则"——公司 80% 的收入来自 20% 的客户。通常一个网店排名前 10% 的客户所花费的金额比下一个等级者多出至少 2 倍，占公司所有营业额的 40% 以上。

通过会员等级设置，所有会员根据购物金额或者交易笔数会自动成为各等级的会员，当他们的金额或交易笔数达到相应规定时，会员等级会自动升级，并有相应的优惠折扣或者特权。

下面讲解在客户运营平台中设置 VIP 等级的方法。

　　单击"会员管理"版块中的"忠诚度设置"，然后单击"修改设置"，进入"自定义会员体系"（图6-12），单击"普通会员（VIP1）"栏中的"设置"，在下方的"交易额"或"交易次数"文本框中设置普通会员的升级条件，这里分别设置为500和1，设置"折扣"为9.5，然后单击"保存"，则升级为普通会员的触发条件设置完毕，如图6-13所示。

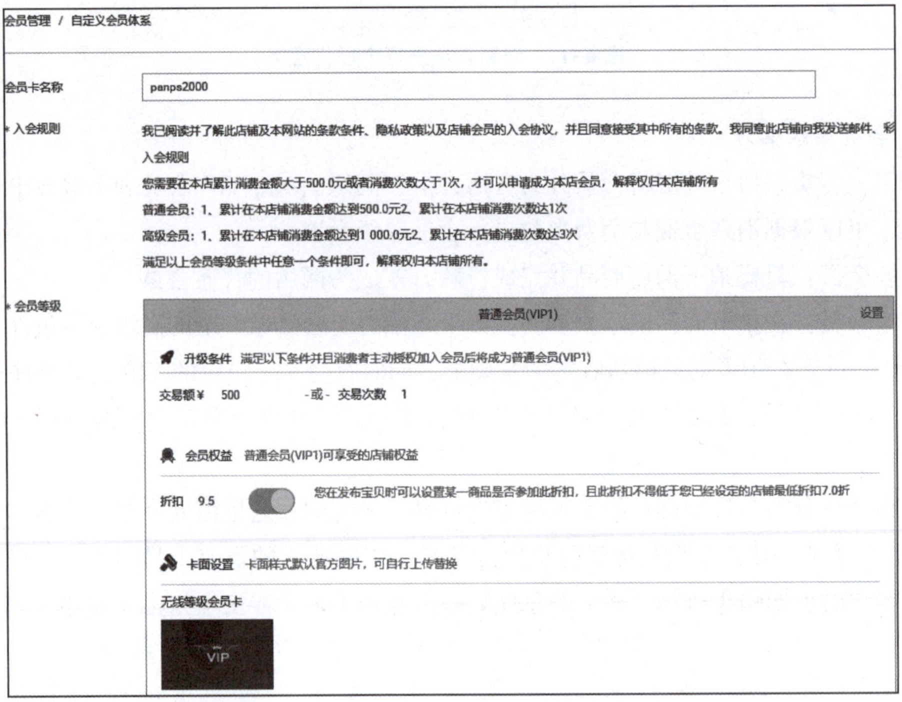

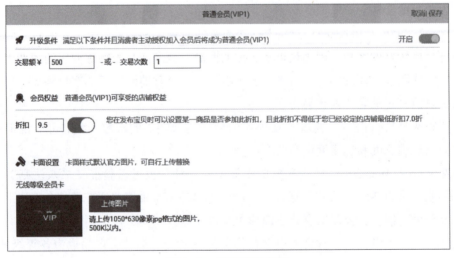

图 6-12　自定义会员体系

图 6-13　设置普通会员

　　使用相同的方法在"高级会员（VIP2）"栏中单击"设置"，在"交易额"或"交易次数"文本框中设置高级会员的升级条件，这里分别设置为 1 000 和 3，设置"折扣"为 9，然后单击"保存"，则满足条件时自动升级到高级会员，如图 6-14 所示。

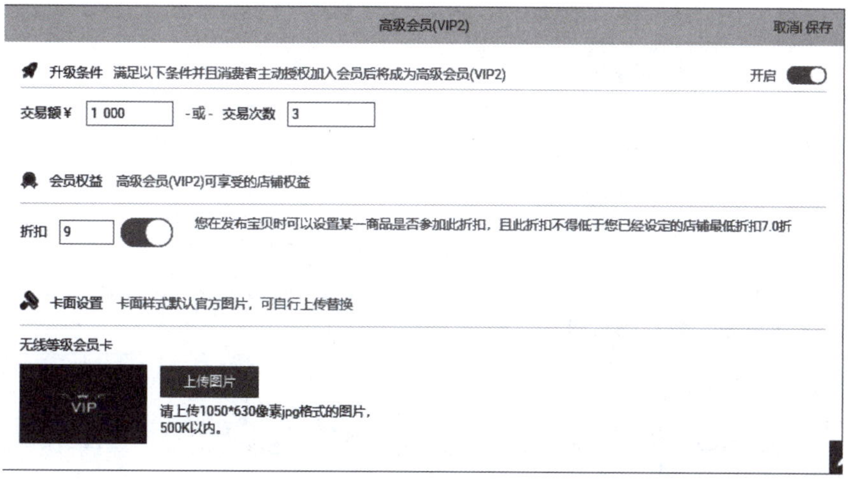

图 6-14　设置高级会员

3. 会员营销

会员营销是保持客户忠诚度的有效措施，通过客户运营平台的智能营销工具，可以进行上新老客提醒，对指定人群进行优惠券、短信及定向海报营销，对兴趣客户和老客一键式投放优惠券等营销活动。

我们的手机经常会收到各电商卖家的促销短信，如：

【×××】终于等到了"双 11"，我们准备好了！新款 7 折起！另有 1 元秒杀、iPhoneX 满减！点击 https：//c.tb.cn/c.XGA，提供购物车截图还能向客服领取专属优惠券哦~回 T 退订。

短信营销渗透率高，渗透力强，成为商家经常使用的营销方式。以下以客户运营平台中的短信营销为例进行介绍。单击"运营计划"版块中的"智能营销"，然后单击"短信营销"下的"立即创建"（图 6-15），进入短信营销设置界面，如图 6-16 所示。

图 6-15　创建短信营销

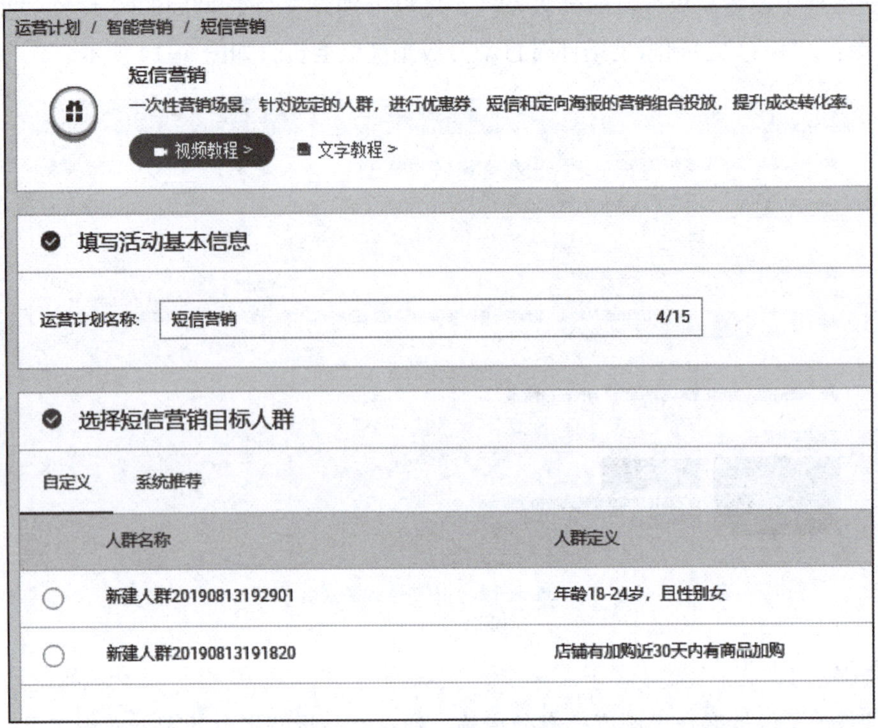

图 6-16　短信营销设置界面

计划创建第一步：创建计划名称并选择人群（图 6-17）。可以选择一个系统默认的推荐人群或自己以前创建的人群，也可以自己重新创建一个人群。假设我们这次希望对于那些已经很久没在店铺有过购买，但是最近又来过店铺的这群客户进行影响，可创建一个满足这种情况的新的人群。单击"新建人群"，利用三个条件圈选出我们需要的人群：店铺历史上（720 天）有过购买，但是最近 90 天没有购买并且最近 30 天有加购，这三个条件组成了我们想要的人群，给这个人群命名：重点流失人群（图 6-18）。人群保存后，这个人群会出现在自定义人群列表里，选中确定，就完成了人群创建和选择的过程。

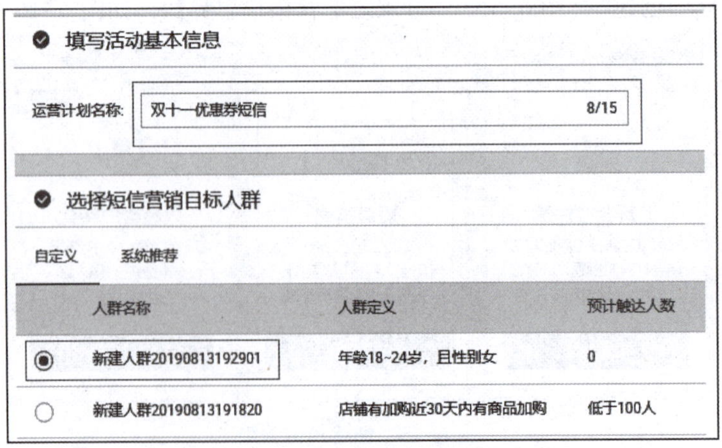

图 6-17　短信营销目标人群

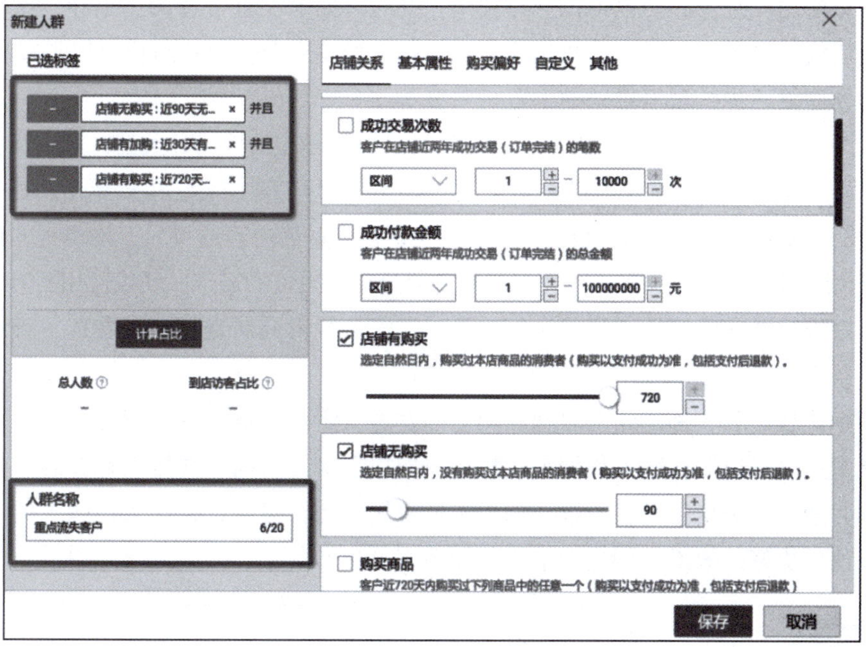

图 6-18 新建目标人群

人群添加好以后，会在编辑页面看到人群的人数，人群中的所有人都可以进行优惠券和定向海报营销，人群中有历史成交的用户可以进行短信营销。

计划创建第二步：选择转化渠道和是否需要使用优惠券。

确定给客户的优惠权益后，选择通过何种渠道把营销信息传递给客户。目前支持两种渠道：短信及定向海报（图 6-19）。短信会将营销信息发送至客户的手机上，只支持对人群中的成交客户发放；定向海报是在店铺首页放置一个装修模块，此模块可以对选定人群做个性化的展示。

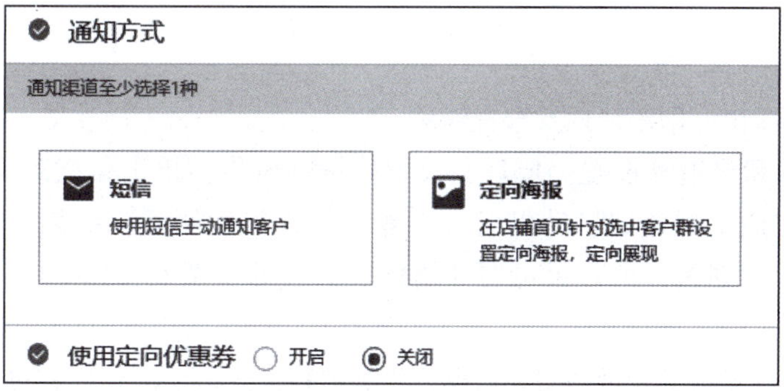

图 6-19 通知方式

为了更好地转化这部分客户，我们需要为他们准备一些专享的权益，给他们些特别的优惠，这样会使他们更容易转化。目前支持的权益为优惠券，此处的优惠券为发放式优惠券，原本是直接发送到买家的卡券包里，从 2018 年 1 月 30 日起，已改为领取式优惠券。

如果不希望使用权益，此处也可以选择关闭。开启时如果没有合适的优惠券，就新创建一个。在创建优惠券时，建议发放数量要大于当前人群总人数，以免造成领取失败。

计划创建第三步：短信渠道的设置。

单击添加短信，在模板选择页面，有自定义模板和官方模板两种类型，自定义模板为自己创建，官方模板为系统预置的默认模板。如果希望自行创建内容，可以单击新建模板。在短信模板管理页面创建好新的模板后，需要提交审核，短信内容通过后，该模板才能被选择使用。审核周期一般为 1~2 个工作日。如果有紧急使用短信的需求，建议使用官方模板。

选择好模板并完成短信内容输入后，可以在短信编辑页面进行测试发送，查看短信接收效果。

短信正式发送有 3 种时间可以选择：立即发送、定时发送及智能发送。

智能发送是指根据系统大数据来计算客户使用手机的时间，并智能地在客户最可能查看短信的时间进行短信发送，所以，如果选择智能发送，建议选择一天内较大的一个时间范围，以达到更好的效果。创建短信界面如图 6-20 所示。

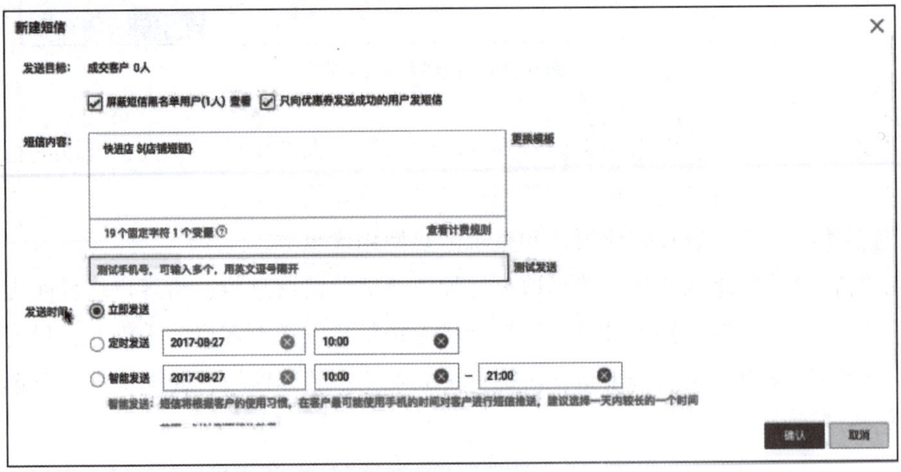

图 6-20　创建短信

计划创建第四步：创建计划及查看效果。

人群、权益和渠道都设置完成后，设置好策略名称，单击创建运营计划，整个营销计划就创建完成了。计划启动以后，不能进行编辑和删除，如果不希望计划执行，可以终止计划。计划执行的效果可在计划列表中查看（图 6-21）。

4. 数据分析

客户运营平台展示了大量的图表数据，直观清楚，分析功能强大，可有效帮助商家制定针对性营销方案。以下试举几例说明。

通过显示访客来自的地域，可在一定程度上反映出网店的主要消费人群的地理分布，从而便于商家有针对性地投放地域广告。

图 6-22 对访客人群指标进行了分析统计，以方便卖家进行复盘、评估网页受欢迎程度。

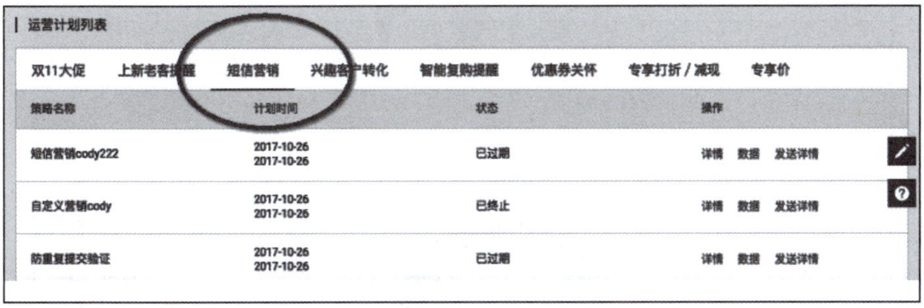

图 6-21　运营计划列表

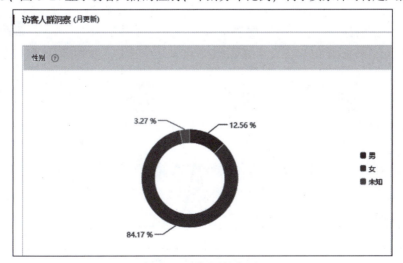

图 6-22　访客关键指标分解

跳失率：只访问了一个页面就离开的访问次数占该入口总访问次数的比例。一般正常情况下，钻级以下的店铺，跳失率低于 60% 属于正常，要是钻级以上的店，跳失率达到 60% 就糟糕了，这说明店铺的首页或者宝贝描述不够吸引人，应尽快看一下首页、产品、详情、标题等究竟是哪儿出了问题，给出正确的处理方案。

支付转化率：支付买家数/访客数，即来访客户转化为支付买家的比例。可查看行业平均转化率，然后与自己的支付转化率做对比，采取相应对策。

平均停留时长：单位为秒，平均停留时长越大代表产品的主图、详情页吸引人，转化率相应也会越高，可对比行业平均停留时长，判定自家网店是否正常。

人均浏览量：客户浏览的页面越多就代表对网店商品兴趣越大，想买的需求越大。

图 6-23、图 6-24 显示访客人群的性别、年龄分布比例，利于卖家针对特定人群进行促销。

图 6-23　访客性别比例

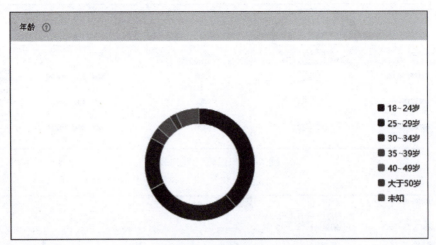

图 6-24　访客年龄分布

　　图 6-25 显示当天成交客户数和成交客单价；图 6-26 显示当天会员成交情况及一个月的成交趋势；图 6-27 显示会员活跃度，商家可根据数据灵活调整会员促销策略。

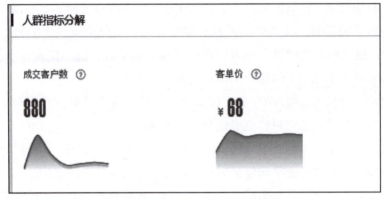

图 6-25　成交客户数和成交客单价

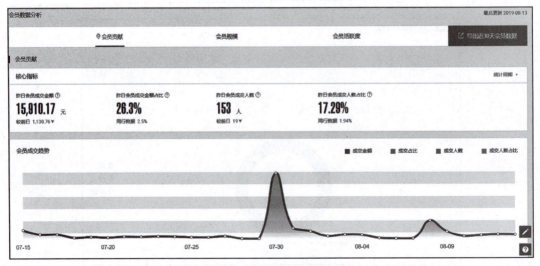

图 6-26　会员成交数据

图 6-27　会员活跃度

图 6-28、图 6-29、图 6-30、图 6-31 显示粉丝关键数据，可见粉丝不管从支付客单价还是支付转化率均要高于非粉丝，商家应积极拓展粉丝并维护好粉丝人群。

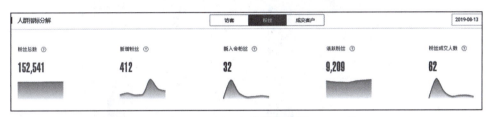

图 6-28　粉丝指标数据

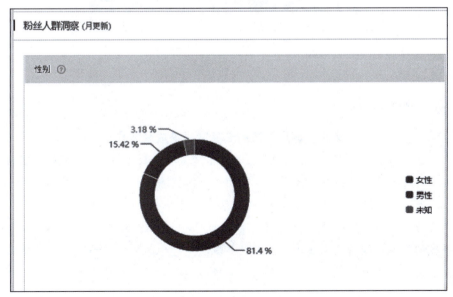

图 6-29　粉丝性别比例

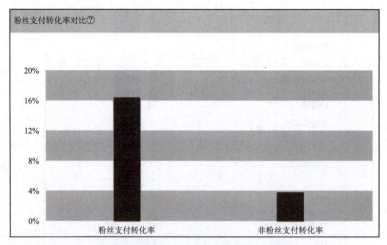

图 6-30 粉丝支付转化率对比数据

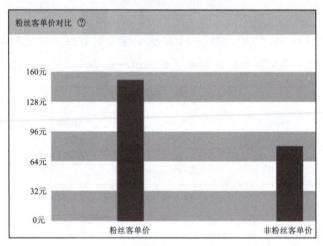

图 6-31 粉丝客单价对比数据

 阅读材料6-4

华为：客户关系的最高境界是成就客户

任正非曾说，"华为走到今天，就是靠着对客户需求宗教般的信仰和敬畏，坚持把对客户的诚信做到极致。"在数十年的发展中，华为是如何坚持"以客户为中心，以奋斗者为本，坚持艰苦奋斗"核心价值观的？又是如何将其落地执行并渗透进每一个员工内心的？

在华为的管理当中有一个非常高频的词，叫作"以客户为中心"，我离开华为以后，一直从事咨询行业，接触过很多客户，发现很多企业对于"以客户为中心"的理解不一而足，差异很大。本文通过几个重要的观点，把华为"以客户为中心"的思想、"以客户为中心"的做法，进行了系统性的总结，希望能够给大家一些启发。

1. 客户是土壤、机会是庄稼

有些人把客户关系片面地理解为请客吃饭，这是对客户关系极大的误解，客户关系的最高境界是成就客户。

华为的客户关系管理，是一种思维方式的进化，由原来"狩猎"的游牧民族，进化为"种田"的农耕社会，这是一种巨大的生产力的进步。

绝大多数企业的做法，是围绕着客户的商机，也就是客户的采购需求展开争夺，群雄逐鹿，高才者得之。这种做法的弊端是很明显的，我们不能总及时发现客户的需求，甚至很多客户我们都没能看到。而且即使看到了，也要面对激烈的竞争，凭什么你就一定能赢？华为率先从这种低层次竞争当中摆脱出来，站在一个更高层面思考问题。

很多公司在做客户关系的时候，眼睛里看的更多的是机会，是项目，而忽视了机会与项目背后的载体，是客户。

没有任何一家企业可以服务所在行业中的所有客户，企业的经营活动是在用有限的资源去争取无限的市场机会。与其随波逐流，何如守株待兔？我们发现高价值客户，并且持续服务好高价值客户，与客户形成共生的关系，这才是高竞争行业当中的正确选择。

2. 选择比努力更重要

客户关系管理对企业的核心价值在于能帮企业做正确的客户选择。没有哪一家企业可以服务行业中的所有客户，在企业资源有限的情况下，应该进行客户选择，客户必须与企业发展的战略方向与愿景相匹配。

对于以自我为中心或者以机会为中心的企业而言，他们的客户往往是飘忽不定的，当被一个新的机会牵引时，原有的客户就被舍弃掉了，这就让我们前期在客户身上的投资打了水漂。而华为对于客户的选择是基于它未来发展的愿景，客户选择既要兼顾于现在，又要着眼于未来，以现在为起点，逐步构建面向未来的能力。

一般企业对客户的认知，是买了你的东西的就是你的客户，这种认知值得商榷。很多企业都追求人效的提升，而提升人均产出最有效的方法，就是让一个人在一个客户身上发掘出最大的价值。

很多公司营销的问题，根本原因在于管理出了问题，比如说，我们的产品和客户重合度很低，单一客户的产出很小，人均产出是提升不了的，拿一个大单和一个小单，在时间上面的花费，没特别大的差异。如果我们的客户不聚焦，单单认为业绩不好是员工不加班、不奋斗，这是有失公平的。所以你会发现，当我把客户选择之后，持续在优质客户身上进行资源投放的时候，人均产出就会提升。在最优秀的客户身上投放最优秀的资源，以发挥最大的价值。

客户选择简单地讲就是要说清楚两个问题：

我们为什么选择客户？也就是我们如何定义客户的价值。企业对于目标客户的选择，取决于企业的战略、企业的定位、企业对于客户的价值预期，这是我们对于企业客户分类的依据。对于企业而言，战略是企业资源有限的情况下对机会进行的取舍，这是战略的核心价值。

对于客户价值的评价方式，有两个方面需要重点关注：①价值评价要素。大多数企业主要关注经济价值，但实际上客户的价值并不仅仅体现在经济价值上，还包含产品牵引、管理改进、品牌贡献、低成本、快速响应、产品差异性创新、高质量、安全等诸多方面；②价值评价周期。很多行业存在着周期性，客户价值不能仅看当年的贡献，否则会造成价值客户的遗漏。比如我们对于一些周期性行业，以四年为价值回报周期，这样识别的价值客户准确性会高一些。

客户为什么选我们？要构建客户对我们的黏性，也就是增加客户离开我们的成本。如果客户离开我们的切换成本很低，那我们就很危险了，随时都有可能被替换掉。企业的资源是有限的，如何把资源与能力构建在客户最需要的地方，就必须持续思考现在和将来我们对于客户的价值究竟是什么？

客户的黏性可以分三个层次来构建：

第一个层次是影响客户的感知。客户跟我们的业务合作非常顺畅，无论是战略研讨、业务规划、销售、设备交付、售后维护，客户的评价都很好，我们给客户的感觉是舒服的，这只是第一层。

第二个层次是我们能够帮客户成功。我们可以提升客户赚钱的能力，客户的感觉就不仅仅是舒服了。比如我们来看一下小米的手机，它用的是高通骁龙845芯片，这个芯片要500多元，虽然这个东西很贵，却是小米产品的核心卖点之一，可以支撑产品定比较高的售价。如果我们的产品能够成为客户的卖点之一，那客户对我们的依赖性就会极大地增强了，因为我们的产品让客户更具有市场竞争力。现在很多企业都开始关注业务创新、技术开发和专利等企业的硬实力，能不能把我们的专利转化成客户对外宣传当中的产品卖点？如果可以，你的价值就跳出了产品价格的价值了，你能让客户的产品有更高的溢价，能帮他赚钱。

第三个层次是战略层面的，以及企业文化与价值观的契合。所谓志同才能道合，与客户共同构建面向未来的共识，形成长期利益，合作才是可持续的，也是不会被轻易所替代的。

3. 客户关系非一朝一夕之功

商场上没有永远的朋友，也没有永远的敌人，有的是亘古不变的利益。我们生活在一个竞争状态日趋激烈的市场环境当中，假设我们是生产长生不老药的，那我们不需要做客户关系，客户会哭着喊着求着我们把产品卖给他们。但是遗憾的是，我们的产品和服务存在可替代性，市场当中存在我们、客户以及竞争对手多方的博弈，每方都在为自己争取最优的生存位置，在动态的博弈当中形成一种平衡，这种竞争在未来将成为一种常态。

在竞争日趋残酷的未来，竞争对手不是靠我们一己之力打败的，只有我们与客户形成同盟，才有可能打败我们的竞争对手。客户关系规划是在市场中构建竞争优势的一种企业管理方法，可以提升企业资源的使用效率。

在客户关系管理方面华为与其他企业最大的区别，在于它倡导和实行的是全面客户关系管理，包含普遍客户关系、关键客户关系、组织客户关系三个方面。一般企业在客户关系管理上容易犯的错误是过于短视和功利，直入主题，客户关系主要围绕着一两个人去开展。华为在发展初期与众多小公司的区别，小公司很势利，有合同，呼啦啦就来了，没合同，呼啦啦就走了，忽视客户关系的长期建设与经营，这是战略性和结构性的错误，有点儿像下围棋，关键客户就是围棋的棋眼，如果你只有一个棋眼，被对手一堵，你就满盘皆输了。

客户关系越好对企业越有利吗？其实并不是。企业是商业组织，资源是有限的，因此必须考虑资源的使用效率、投入产出比。客户关系是一种辅助能力，不能独立去创造价值，不可能因为客户跟你的关系好，就给公司打 100 万进来，那是违法的，客户关系的价值必须通过交易才能体现。各个区域要做哪些客户公关活动？要做到什么程度？要消耗掉多少人财物？取决于我们可以通过市场目标获取到多大的回报。

4. 客情关系的建立是科学，也是艺术

我们为什么要去接触客户？从微观的角度讲，我们接触客户，是希望客户做出有利于我们的决策；从宏观角度讲，是为了我们商业目标的达成（市场、竞争、经营指标⋯⋯）。销售是一个比较特殊的职业，主要通过接触客户、构建关系销售产品与服务。在日常的人际关系中，如果你讨厌某人，不与他打交道就可以了。可是销售不一样，某个关键客户讨厌你、反对你，你还要想办法改善与他的关系。

我们常说，销售是个演员，本色做人，角色做事，要用别人喜欢的方式来实现自己的目的，要有取悦他人的能力。销售与客户之间的关系是一种功利性关系，是一种竞争对手相比较的关系，我们要的是唯一。客户尊重你，但他不一定在项目中支持你，更不用说唯一支持你，所以我们要通过与客户的接触来影响客户的选择。

站在管理的角度来说，客户关系是门科学。我们要把客户关系数字化，便于管理和评估，但是在一线的实际工作，例如客户接触，就非常讲究艺术。同样派两个人去公关同一个客户，两个人的拓展方法很可能是不一样的，但是也许同样有效。

客户关系的艺术核心在于我们如何理解、引导、把握人性。那对于员工客户接触这种艺术性的事儿应该如何去管理？我们可以在四个方面发挥管理价值：

（1）经验萃取。我们有很多优秀的销售，成功的销售都是善于学习总结的人，每个人在自己的成功当中总结出行之有效的方法，形成自己特有的三板斧，如果我们在销售平台当中能够把每个人的三板斧汇总起来，那就练就了十八般武艺，这会是非常宝贵的知识财富。

（2）赋能培训。我们总结出来的知识财富，需要把它赋能给更多的人。在早年的国内市场，销售管理部每年会组织两次大型的面向一线的送课行动，叫"春雨行动"和"秋雨行动"，把培训直接送到一线，其中也包含了客户关系能力的提升。同时，在公司又有华为大学和在线学习平台，很多学习材料都是来自一线实际的案例，华为在知识共享方面投入巨大。

（3）资源提供。客户关系的拓展离不开人财物的投入，但是怎样才能够把资源效果最大化，把钱花在刀刃上，依赖于对客户接触活动管理能力的提升。

（4）接触场景的流程化、标准化。对场景管理的流程化、标准化能力，可以提升客户接触的接待效果。曾经有个客户的董事长参观华为公司，谈到他的参观感受，他说第一个感觉是华为太能花钱了，连就餐的餐具都是纯银的。但是第二个感觉是，华为花的每一分钱，都产生了效果。

——节选自《华为：客户关系的最高境界是成就客户》，作者：王占刚，有删减

课堂演练 6-2

淘宝客户关系管理工具演练

利用已有淘宝网店卖家账号，熟悉淘宝客户运营平台的实际操作。

课后练习 6-1

常用客户关系管理工具使用

通过查阅资料和实际操作，了解常用客户关系管理工具的使用。

课后测试题

一、单选题

1. 客户关系管理系统建立的核心是（　　）。

A. 以客户为中心　　　　　　　　B. 以服务供应商为中心

C. 以企业为中心　　　　　　　　D. 以经济利益为主

2. 客户运营平台是基于阿里大数据，为商家提供客户全生命周期管理的智能化 CRM，不具备的优势是（　　）。

A. 数据运营范围更广，实现从已购客户到潜客的运营

B. 客户关系管理更加流畅，能够高效链接其他站外应用

C. 触达渠道更多，从短信营销到阿里全链路触达

D. 营销策略更智能，提供场景化、智能化的营销策略

二、多选题

1. 与达成一次交易的"交易营销"相比，"关系营销"更注重（　　）。

A. 保留客户，并与客户建立长期稳定的关系

B. 使客户成为一个企业稳定发展的消费群体

C. 在完成企业短期效益的同时，积累企业的长期客户群体

D. 通过一定的营销手段扩大用户群体的消费频率

2. 生意参谋基于客户运营视角下有三条多元增长通路，分别是（　　）。

A. 新访直接成交，触达—购买　　　B. 回访成交，触达—种草—购买

C. 老客复购　　　　　　　　　　　D. 新客注册

三、判断题

关系营销比交易营销更加专注重视客户。　　　　　　　　　　　　　　（　　）

《电子商务客户服务》平时成绩记录表（供教师参考）

组别	姓名	自信	微笑	礼仪	声音	个人演练表现						小组演练表现						综评
						1	2	3	4	5	6	1	2	3	4	5	6	
	例：×××	A	A	B	B	B	B	A	B	C	A							B+
第1组												B	A	A	A	B	B	
第2组																		
第3组																		
第4组																		
第5组																		
第6组																		

参 考 文 献

[1] 方玲玉. 客户服务与管理——项目教程（第 4 版）［M］. 北京：电子工业出版社，2024.

[2] 陆冰. 金牌客服口才训练与实用技巧［M］. 北京：民主与建设出版社，2022.

[3] 韩艳华，高静. 客户服务礼仪（第 2 版）［M］. 北京：电子工业出版社，2022.

[4] 李媛媛. 职场礼仪［M］. 北京：机械工业出版社，2024.

[5] 杨雅蓉. 高端商务礼仪：快速成为职场沟通达人［M］. 北京：化学工业出版社，2021.

[6] ［美］迈克·舒尔茨，约翰·E·杜尔. 绝对成交大客户营销内训手册［M］. 北京：中国科学技术出版社，2023.

[7] 张烜搏. 精准电话销售转化率倍增的实战技巧与口才训练［M］. 北京：人民邮电出版社，2020.

[8] 董亮. 客户服务与客户投诉处理实务手册（修订版）［M］. 北京：企业管理出版社，2023.

[9] 陈媛，张翔，彭卓. 哈佛商业评论领导力手册：如何影响、激励和带领组织持续向前［M］. 北京：电子工业出版社，2024.

[10] 李珊. 客户关系管理［M］. 北京：电子工业出版社，2024.